Ulrich Schröter

Biblisches Hebräisch Grundwortschatz

Biblisches Hebräisch
Grundwortschatz

von

Ulrich Schröter

Reichert Verlag

Bibliografische Information der Deutschen Nationalbibliothek
Die Deutsche Nationalbibliothek verzeichnet diese Publikation in der Deutschen Nationalbibliografie; detaillierte bibliografische Daten sind im Internet über http://dnb.dnb.de abrufbar.

ISBN: 978-3-95490-249-1
www.reichert-verlag.de

Printed in Germany

Inhalt

Vorwort ... 6

Benutzungshinweise ... 7

Abkürzungen ... 7

Literatur ... 8

§1 Namen und Orte ... 9

§2 Zahlen, Pronomen und Artikel, Präpositionen und Konjunktionen, Partikel ... 22

§3 Verben und Nomen in Wortfamilien nach Häufigkeit geordnet ... 30

§4 Sachgruppen ... 88

§5 Grammatikalische Anordnung der Verben und Substantive/Adjektive ... 99

§6 Bildungselemente und Lautwandel ... 110

§7 Alphabetisches Register mit Häufigkeitsangaben ... 113

Vorwort

Die ca. 900 Vokabeln erhalten Farbe und Kontur durch syntaktische Verbindungen, Querverweise, Eselsbrücken und etymologische Bemerkungen. Dadurch gewinnt die hebräisch-deutsche Präsentation (§1 Namen und Orte; §2 Zahlen und Partikel, §3 Verben und Nomen) bes. in §3 den Charakter eines Lesebuches. Zusammenstellungen zu Sachgruppen und Grammatik (§4 und §5) dienen der Wiederholung, eine Übersicht über Flexions- und Wortbildungselemente (§6) dem tieferen Verständnis. Die Umschrift bei den Namen und Orten (§1) und beim alphabetischen Register (§7) fördert die Lesefähigkeit. Die deutsche Bedeutung der in §4 und §5 zusammengestellten Wörter ist über §7 in §3 zu gewinnen. Dieses Nachschlagen übt zugleich den Umgang mit einem Lexikon ein.

Für die Beziehungen zwischen semitischen und indogermanischen Sprachen wurden ausführlich L. Brunner (1969) und E. H. Baader (2000) herangezogen. Beide gehen vielfach auf ursprünglich zweiradikalige Wurzeln zurück, die am Anfang, Ende oder in der Mitte erweitert wurden. Sie rechnen ebenso mit dreiradikaligen Wurzeln, die abgewandelt und verkürzt werden (vgl. §6.2). Inwiefern ihre Beobachtungen (z. B. der Vergleich *chamesch*/*Hand*) etymologisch stringent oder eher volksetymologischer Natur sind, kann hier offen bleiben. Zu beachten ist jedoch, dass Baader zu Unrecht alles Semitische und Indogermanische allein auf das biblische Hebräisch zurückführt.

Bei den Eselsbrücken (E) wurden besonders Entsprechungen nach dem Muster „*klam*mheimlich" (= lat. clam, dt. „heimlich") gesucht: z. B. „מצא finden": E: *Maß*e finden. Die Übersetzung und die Buchstaben der hebräischen Nachahmung werden unterstrichen, die Nachahmung zusätzlich *kursiv* gesetzt. Anders verfahren A. Käser / Th. Dallendörfer, indem sie den hebräischen Buchstaben oder Buchstabengruppen feste Bilder zuordnen und diese mit der Übersetzung zu einem Satz verbinden. Im Übrigen gilt:

- Glücklich, wer Eselsbrücken nicht benötigt. Er sollte sie aber denjenigen gönnen, die dadurch einen leichteren Zugang gewinnen.
- Ist die Eselsbrücke begangen, muss die korrekte Aussprache der Vokabel nachdrücklich eingeübt werden. Hierzu ist die Umschrift §7 heranzuziehen.

Vokabeln ab 70x wurden sämtlich aufgenommen – bis auf מִגְרָשׁ (114x), da deren Streuung nur 12 Kapitel umfasst. Für Vokabeln unter 70x waren entscheidend: grammatische (Paradigma), theologische und sachliche Bedeutsamkeit sowie Wortfamilien, die einander inhaltlich ergänzen. Partikel über 5500x wurden nach unten gerundet.

Angaben zur Häufigkeit schwanken in der Literatur, je nachdem, ob eine oder mehrere Wurzeln angenommen, ob eine Form als Verb, Adjektiv oder Name gedeutet wird, Ketib und Qere bei gleicher Wurzel nur einfach gezählt werden. Die Häufigkeitsangabe erhöht sich, wenn um des komplexen Lernens willen Schreib- (צעק/זעק) und Formvarianten (עֶזְרָה/עֵזֶר) sowie die Glieder einer Wortfamilie zusammengezählt werden. Da die Kenntnis der Häufigkeit für Lernende einen Anreiz bietet, wird sie bei §3 zugrunde gelegt.

Ulrich Schröter, Berlin im Februar 201

Benutzungshinweise

- Häufigkeitsangaben beziehen sich auf Wortfamilien, bei deren Fehlen auf Einzelworte.
- Hochgestelltes + (z.B. +גלה 187): Die Häufigkeitsangabe 187 umfasst – wie §3 unter 187 zeigt – mehr als nur das Verb גלה.
- Schluss-ך wird auch bei unvokalisierter Form mit Sch^ewa quiescens geschrieben (מלךְ).
- Auch bei der Silbe vor Patach furtivum wird das Betonungszeichen gesetzt: נֹ֫חַ.
- Im Q bleibt *ā-a* unvokalisiert, *ā-e* wird teilweise (כבֵד), L ganz vokalisiert (z.B. קוּם);
- ist Q nicht belegt, steht **:** (z. B. :כּוּן) oder die häufigste Modifikation (z. B.קִטֵּר);
- mehrere Modifikationsangaben *vor* der Übersetzung haben die gleiche Bedeutung;
- *nach*geordnete bedeuten: ni, pu, ho passiv; hi kausativ (*lassen*); hit reflexiv

91	סגר	q hi verschließen ni pu	q und hi bedeuten: verschließen ni und pu: pass. verschlossen werden
175	קִטֵּר	pi hi …räuchern	pi קִטֵּר [q nicht belegt]
81	הִסְתִּיר	hi verbergen ni=hit	ni wie hit: sich verbergen

Abkürzungen

(soweit nicht unmittelbar vor Ort erklärt, wie B, Ba, E bei §3)

abs.	absolutus	hi	Hif'il	pass.	Passiv
Adj.	Adjektiv	hit	Hitpa'el	pi	Pi'el
äg.	ägyptisch	ho	Hof'al	PK	Präformativ-konjugation
AK	Afformativ-konjugation	i.p.	in Pausa		
		Imp.	Imperativ	cPK	consekutive P.
arab.	arabisch	Inf. abs. = Infa.	Infinitiv absolutus	Pt.	Partizip
aram.	aramäisch			pu	Pu'al
berl.	berlinerisch	Inf. cs. = Infc.	Infinitiv constructus	q, Q	Qal
caus.	kausativ			refl.	reflexiv
cs.	constructus	Intj.	Interjektion	rotw.	rotwelsch
D.f.	Dagesch forte	israel.	Israelisch	russ.	russisch
D.l.	Dagesch lene	jmd.	jemand	St.	status
dt.	deutsch	jidd.	jiddisch	S(uff).	Suffix
Du.	Dual	lat.	lateinisch	vgl.	vergleiche
engl.	englisch	m.	masculin	::	Gegensatz
f.	feminin	NT	Neues Testament	*	Form nicht belegt
franz.	französisch				
gr.	griechisch	ni	Nif'al		

Literatur (Auswahl)

Wortkunden

Samuel Arnet, Wortschatz der Hebräischen Bibel, 2. Aufl. 2007 (mit Häufigkeitsangaben);

Karl-Martin Beyse/Julia Männchen, Hebräisches Lernwörter-Verzeichnis, 2. Ausg. 1993.

Hans Werner Hoffmann, Einführung ins biblische Hebräisch. Grammatik-Vokabular-Übungen, 2014;

Juni Hoppe/Josef Tropper, Hebräisch. Lernvokabular, 3. Aufl. 2015.

Andreas Käser/Thomas Dallendörfer, Hebräische Verben in Bildern schneller lernen, 3. Aufl. 2015.

R[ichard] Kraetzschmar, Hebräisches Vokabular, 1902.

Günter Mühlpfordt, Russische Wortkunde, 1948.

Carl Heinz Preisker, Hebräische Wortkunde, 3. Aufl. 1974.

Hermann L. Strack/Alfred Jepsen, Hebräisches Vokabularium, 12. Aufl. 1929.

Karl Walter, Hebräische Wortkunde, 1931.

Otto Wittstock/Johannes Kauczor, Latein und Griechisch im deutschen Wortschatz, 2. Aufl. 1980.

Lexika

G[erhard] Johannes Botterweck/Helmer Ringgren/Heinz-Josef Fabry (Hrsg.), Theologisches Wörterbuch zum Alten Testament, 2010.

Wilhelm Gesenius/Herbert Donner (Hrsg.), Hebräisches und Aramäisches Handwörterbuch über das Alte Testament, 18. Aufl. 2013.

Ernst Jenni/Claus Westermann (Hrsg.),Theologisches Handwörterbuch zum Alten Testament I 3. Aufl. 1978; II 2. Aufl. 1979.

Ludwig Koehler/Walter Baumgartner (Hrsg.), Hebräisches und Aramäisches Lexikon zum Alten Testament, 3. Aufl. 1995.

Frank Matheus, PONS Kompaktwörterbuch Althebräisch, 2005/2012.

Konkordanzen

Interlineal Scripture Analyzer (ISA3 basic) (www.scripture4all.org), 2011.

Gerhard Lisowsky, Konkordanz zum hebräischen Alten Testament, 1958.

Solomon Mandelkern: Veteris Testamenti Concordantiae, 1955.

Verschiedenes

Hans Peter Althaus, Kleines Lexikon deutscher Wörter jiddischer Herkunft, 3. Aufl. 2010.

Fritz Henning Baader, Wortkunde der Bibel und Etymologie über die Herkunft der europäischen Sprachen, 2000 (Ba).

Gotthelf Bergstäßer, Hebräische Grammatik, 2 Teile, 1918 und 1929.

Linus Brunner, Die gemeinsamen Wurzeln des semitischen und indogermanischen Wortschatzes. Versuch einer Etymologie, 1969 (B).

Wilhelm Gesenius/E[mil] Kautzsch, Hebräische Grammatik, 28. Aufl. 1909.

Meyer: Rudolf Meyer, Hebräische Grammatik, 3. Aufl. 1992.

Martin Noth, Die israelitischen Personennamen im Rahmen der gemeinsemitischen Namengebung, 1928.

Hans Rechenmacher, Althebräische Personennamen, 2012.

Abraham Tendlau, Jüdische Sprichwörter und Redensarten, 1998.

§1 Namen und Orte

§1.1 Namen und Orte in zeitlicher Abfolge

a) Gottheiten

יְהוָה אֱלֹהִים | הַבַּ֫עַל אֲשֵׁרָה אֲשֵׁירָה | דָּגוֹן כְּמוֹשׁ.

b) Personen

Urgeschehen

חַוָּה אָדָם קַ֫יִן | הֲבֶל הֶ֫בֶל | לֶ֫מֶךְ לָ֫מֶךְ שֵׁת אֱנוֹשׁ חֲנוֹךְ מְתוּשֶׁ֫לַח |

נֹ֫חַ שֵׁם חָם יֶ֫פֶת יָ֫פֶת | כְּנַ֫עַן חֵת כּוּשׁ | יֶ֫פֶת

נָחוֹר תֶּ֫רַח אַבְרָם נָחוֹר הָרָן לוֹט.

Patriarchen

אַבְרָם = אַבְרָהָם שָׂרַי = שָׂרָה יִצְחָק = יִשְׂחָק הָגָר יִשְׁמָעֵאל |

יִצְחָק רָחֵל עֵשָׂו יַעֲקֹב | לָבָן לֵאָה רִבְקָה |

יַעֲקֹב = יִשְׂרָאֵל לֵאָה זִלְפָּה רִבְקָה בִּלְהָה |

רְאוּבֵן שִׁמְעוֹן לֵוִי יְהוּדָה | תָּמָר אוֹנָן | דָּן נַפְתָּלִי גָּד אָשֵׁר

יִשָּׂשכָר זְבוּלוּן יוֹסֵף | פּוֹטִיפַר | בִּנְיָמִין מְנַשֶּׁה אֶפְרַ֫יִם | דִּינָה.

Auszug und Landnahme

מֹשֶׁה יִתְרוֹ רְעוּאֵל פַּרְעֹה | אַהֲרֹן מִרְיָם אֱלִיעֶ֫זֶר פִּינְחָס |

בָּלָק סִיחוֹן עוֹג בִּלְעָם | כָּלֵב יְהוֹשֻׁעַ בִּן־נוּן.

Richterzeit

עָתְנִיאֵל כּוּשַׁן רִשְׁעָתַ֫יִם | אֵהוּד עֶגְלוֹן | שַׁמְגַּר | דְּבוֹרָה בָּרָק יָבִין סִיסְרָה |

גִּדְעוֹן = יְרֻבַּ֫עַל אֲבִימֶ֫לֶךְ יוֹתָם יִפְתָּח |

שִׁמְשׁוֹן מָנוֹחַ דְּלִילָה פְּלִשְׁתִּים | עֵלִי חַנָּה שְׁמוּאֵל

Königszeit

Saul, David, Salomo

שָׁאוּל יוֹנָתָן אִישׁ־בַּ֫עַל = אִישׁ(־)בֹּ֫שֶׁת = אֶשְׁבַּ֫עַל |

יִשַׁי דָּוִד מִיכַל אֲבִיגַ֫יִל נָבָל בַּת־שֶׁ֫בַע אוּרִיָּה | אַמְנוֹן אַבְשָׁלֹם אֲדֹנִיָּה שְׁלֹמֹה |

פְּלִשְׁתִּים גָּלְיָת אָכִישׁ | יוֹאָב אַבְנֵר בְּנָיָה הַכְּרֵתִי וְהַפְּלֵתִי |

צָדוֹק נָתָן גָּד | אֲחִיתֹ֫פֶל שֶׁ֫בַע בַּרְזִלַּי.

Nordreich

יָרָבְעָם בֶּן־נְבָט זִמְרִי נָדָב בַּעְשָׁא אֵלָה עָמְרִי אַחְאָב | אֵלִיָּה אִיזֶבֶל אֱלִישָׁע |
אֲחַזְיָה יוֹרָם יֵהוּא יְהוֹאָחָז יְהוֹאָשׁ יָרָבְעָם זְכַרְיָה(וּ) | שַׁלּוּם מְנַחֵם פְּקַחְיָה
פֶּקַח הוֹשֵׁעַ

Südreich und Exil

רְחַבְעָם אֲבִיָּה(וּ) = אֲבִיָּם אָסָא יְהוֹשָׁפָט יְהוֹרָם אֲחַזְיָה(וּ) עֲתַלְיָה(וּ)
יוֹאָשׁ אֲמַצְיָה(וּ) עֻזִּיָּה(וּ) = עֲזַרְיָה(וּ) יוֹתָם אָחָז (יְ)חִזְקִיָּה(וּ) מְנַשֶּׁה אָמוֹן
יֹאשִׁיָּהוּ יְהוֹאָחָז = שַׁלֻּם יְהוֹיָקִים יְהוֹיָכִין = יְכָנְיָה(וּ) צִדְקִיָּה(וּ) | גְּדַלְיָה(וּ).

Könige und Herrscher anderer Länder

מַלְכִּי־צֶדֶק בֶּן־הֲדַד חֲזָאֵל רְצִין | פַּרְעֹה פַּרְעֹה שִׁישַׁק פַּרְעֹה נְכוֹ = נְכֹה
סַנְחֵרִב | סַרְגוֹן שַׁלְמַנְאֶסֶר | נְבוּכַדְרֶאצַּר = נְבוּכַדְנֶצַּר | תִּגְלַת פִּלְאֶסֶר
כֹּורֶשׁ דָּרְיָוֶשׁ אֲחַשְׁוֵרוֹשׁ

Propheten und Personen in ihrem Umfeld

אֲחִיָּה(וּ) הַשִּׁילֹנִי מִיכָיְהוּ בֶּן־יִמְלָה אֵלִיָּה(וּ) אֱלִישָׁע |
יְשַׁעְיָה(וּ) עִמָּנוּ אֵל שְׁאָר יָשׁוּב |
יִרְמְיָה(וּ) חֲנַנְיָה בָּרוּךְ רֵכָב רֵכָבִים שֶׁלֶמְיָהוּ | יְחֶזְקֵאל גּוֹג מָגוֹג |
הוֹשֵׁעַ יוֹאֵל עָמוֹס אֲמַצְיָה עֹבַדְיָה יוֹנָה מִיכָה
נַחוּם חֲבַקּוּק צְפַנְיָה חַגַּי זְכַרְיָה זְרֻבָּבֶל מַלְאָכִי | חֻלְדָּה.

Spätzeit

אִיּוֹב אֱלִיהוּ | רוּת אֱלִימֶלֶךְ נָעֳמִי בֹּעַז | קֹהֶלֶת אֶסְתֵּר מָרְדֳּכַי הָמָן |
דָּנִיֵּאל = דָּנִאֵל גַּבְרִיאֵל | עֶזְרָא נְחֶמְיָה טוֹבִיָּה | אָסָף.

c) Land und Leute

Länder/Landschaften, Völker, Bewohner

Bewohner	Volk	Land	Bewohner	Volk	Land	Bewohner	Volk	Land
מִצְרִי[1]	מִצְרַ֫יִם	מִצְרַ֫יִם	יִשְׂרָאֵל	יִשְׂרָאֵל[2]	יִשְׂרָאֵל[3]	אֲדֹמִי[1.4]	אֱדֹם	אֱדוֹם
עִבְרִי[1]			כּוּשִׁי[1.4]	כּוּשׁ	כּוּשׁ	אֲרַמִּי[1]	אֲרָם	אֲרָם
	עֵילָם[2]	עֵילָם	כְּנַעֲנִי[1]	כְּנַ֫עַן	כְּנַ֫עַן			אֲרַם נַהֲרַ֫יִם
עַמּוֹנִי[1]	עַמּוֹן[2]	עַמּוֹן	כַּשְׂדִּים		כַּשְׂדִּים[3]		אַשּׁוּר	אַשּׁוּר
עֲמָלֵקִי	עֲמָלֵק	עֲמָלֵק	מָדַי	מָדַי	מָדַי		בָּבֶל	בָּבֶל
פְּלִשְׁתִּי[1.4]	פְּלֶ֫שֶׁת	פְּלֶ֫שֶׁת	מִדְיָנִי[1]	מִדְיָן[2]	מִדְיָן	הַגִּלְעָדִי		(הַ)גִּלְעָד
	שְׁבָא	שְׁבָא	מוֹאָבִי[1.4]	מוֹאָב[2]	מוֹאָב	יְהוּדִי[1]	יְהוּדָה[2]	יְהוּדָה
אֹפִיר, (הַ)בָּשָׁן, הַגָּלִיל, גֹּ֫שֶׁן, עֵ֫דֶן, עוּץ, פָּארָן, צִן, שִׁנְעָר, שְׁפֵלָה.								Landschaften

[1]auch Plural + ם, z. B. אֲרַמִּים [2]mit בְּנֵי *Söhne = Bewohner von* ... bzw. ...*iter*;
[3]auch mit אֶ֫רֶץ *Land*; [4]auch אֲדֹמִיִּים, מוֹאֲבִיּוֹת, פְּלִשְׁתִּיִּים.

Orte und Bewohner

גִּבְעוֹן גִּבְעֹנִי[1] יְבוּס הַיְבוּסִי כַּרְמֶל כַּרְמְלִי(ת) צִידוֹן צִידֹנִי[1].

Frühere Bewohner Palästinas

הַחִתִּי וְהַגִּרְגָּשִׁי וְהָאֱמֹרִי וְהַכְּנַעֲנִי וְהַפְּרִזִּי וְהַחִוִּי וְהַיְבוּסִי.

d) Berge, Flüsse

Berge

אֲרָרַט לְבָנוֹן = הַלְּבָנוֹן חֶרְמוֹן | תָּבוֹר (הַ)גִּלְבֹּ֫עַ כַּרְמֶל = הַכַּרְמֶל עֵיבָל גְּרִזִים
הַמֹּרִיָּה | נְבוֹ חֹרֵב סִינַי.

Flüsse

יַרְדֵּן = הַיַּרְדֵּן יַבֹּק = הַיַּבֹּק קִישׁוֹן כְּרִית אַרְנוֹן | פְּרָת יְאֹר.

e) Ortschaften, Städte

Umwelt Israels

אוּר כַּשְׂדִּים בָּבֶל נִינְוֵה חָרָן כַּרְכְּמִישׁ חֲמָת
קָדֵשׁ דַּמֶּ֫שֶׂק דַּרְמֶ֫שֶׂק אֶדְרֶ֫עִי צִידוֹן צָרְפַת צֹר = צוֹר חָצוֹר |
רַבָּה = רַבַּת בְּנֵי עַמּוֹן חֶשְׁבּוֹן | קָדֵשׁ בַּרְנֵ֫עַ רַעְמְסֵס | תַּרְשִׁישׁ.

Israel nördlich von Jerusalem

דָּן מְגִדּוֹ בֵּית־שְׁאָן עֵין־דּוֹר יִזְרְעֶאל שֹׁמְרוֹן שְׁכֶם שִׁילוֹ = שִׁלֹה תִּרְצָה
אֲפֵיק יָפוֹ = יָפוֹא; בֵּית אֵל = בֵּית־אֵל (הָ)עַי (הַ)גִּלְגָּל יְרִחוֹ = יְרֵחוֹ
הַמִּצְפָּה = מִצְפָּה (הָ)רָמָה גִּבְעוֹן (הַ)גִּבְעָה גִּבְעַת שָׁאוּל
עֲנָתוֹת גִּבְּתוֹן גֶּ֫זֶר קִרְיַת(־)יְעָרִים בֵּית־שֶׁ֫מֶשׁ.

Jerusalem

שָׁלֵם יְרוּשָׁלַ֫ם יְבוּס יְשֻׁרוּן עִיר דָּוִד צִיּוֹן.

südlich von Jerusalem

בֵּית לֶ֫חֶם קְעִילָה תְּקֹ֫וַע לָכִישׁ חֶבְרוֹן מַמְרֵא עֵין־גֶּ֫דִי
צִיקְלַג כַּרְמֶל בְּאֵר שֶׁ֫בַע | סְדוֹם | אַשְׁדּוֹד אַשְׁקְלוֹן עַזָּה עֶקְרוֹן גַּת | עֲמֹרָה.

östlich des Jordans

רָמוֹת גִּלְעָד יָבֵשׁ גִּלְעָד סֻכּוֹת פְּנוּאֵל = פְּנִיאֵל מַחֲנַ֫יִם.

§1.2 Alphabetisches Register der Namen und Orte

Die Wiedergabe folgt den Loccumer Richtlinien (1981). Diese nähern sich dem Hebräischen an, behalten aber bekannte Namensformen bei: *Sem* statt *Schem*, *Mose* statt *Mosche* (im Folgenden durch ! gekennzeichnet: *Sem!, Mose!*). Bei der Betonung bevorzugen sie die im Deutschen übliche Anfangsbetonung (siehe Punkt unter Vokal, z. B. *Mọse*).
Abweichungen von der hebräischen Endbetonung werden durch Akzent (ˊ), Silbenende im Wortinnern entweder durch Schewa ($^{e\ æ\ a\ å}$) oder durch „|“ angezeigt.
b, d, f, g, h, y=/j, k, l, m, n, p, q, r , s, t entsprechen dem Deutschen, anders: *ḇ* wie what, *ḏ* wie *that, g̱* wie *g* oder niederländisch *g*, *ḥ* wie *ach*, *ḵ* wie *ich*, *ś = s*, *ṣ* wie *ss*, š wie sch, *ṯ* wie *thing*, *ṭ* wie *Tal*, *w* wie *water*, *z* wie *Rose*, *’* wie Stimmansatz bei *’Ur*-*’a*hn, *‘* wie Stimmansatz bei *‘U*ps.

אֲבִ(י)גַ֫יִל 'גָ'	*’^{a}ḇī|gá/ā́|yil*	Abigạjil
אֲבִיָּ֫ה(וּ)	*’^{a}ḇiy|yā́(hū)*	Abịja!
אֲבִיָּם	*’^{a}ḇiy|yām*	"
אֲבִימֶ֫לֶךְ	*’^{a}ḇī|mǽ|læḵ*	Abimẹlech
אַבְנֵר	*’aḇ|ner*	Ạbner
אֲבִינֵר	*’^{a}ḇī|ner*	
אַבְרָהָם	*’aḇ|rā|hām*	Ạbraham
אַבְרָם	*’aḇ|rām*	Ạbram
אַבְשָׁל(וֹ)ם	*’aḇ|šā|lōm*	Ạbschalom
אֲבִישָׁלוֹם	*’^{a}ḇī |*	"
אֱדוֹם אֱדֹם	*’^{æ}ḏōm*	Ẹdom(ịter)
אָדָם	*’ā|ḏām*	Ạdam
אֲדֹמִי(ם)	*’^{a}ḏō|mī(m)*	Edomịter
אֲדֹנִיָּה	*’^{a}ḏò| niy|yā*	Adonịja
אֲדֹנִיָּ֫הוּ	*’^{a}ḏò|niy|yā́hū*	
אֶדְרֶעִי	*’æḏ|rǽ| ‘ ī*	Edrẹ̈i
אֵהוּד	*’ē|hūḏ*	Ẹhud
אַהֲרוֹן	*’a|h^{a}rōn*	Aaron!
אוֹנָן	*’ō|nān*	Ọnan
א(וֹ)פִיר	*’ō|fīr*	Ọfir
אוֹפִר		
אוֹפִ֫ירָה	*’ō|fí|rā*	nach Ọfir

אוּר	*’ūr*	Ur
אוּר כַּשְׂדִּים	*’ūr kaś|dīm*	Ur der Chaldäer
אוּרִיָּה	*’ ù|riy|yā*	Urịja!
אַחְאָב	*’aḥ| ’āḇ*	Ạhab!
אָחָז	*’ā|ḥāz*	Ạhas!
אֲחַזְיָ֫ה(וּ)	*’^{a}ḥaz|yā́(hū)*	Ahạsja!
אֲחִיָּ֫ה(וּ)	*’^{a}ḥiy|yā́(hū)*	Ahịja!
אֲחִיתֹ֫פֶל	*’^{a}ḥī|ṯó|fæl*	Ahitọfel!
אִיּוֹב	*’ iy|yōḇ*	Ịjob (Hiob)
אִיזֶ֫בֶל 'זָ'	*’ ī|zǽ/ā́|ḇæl*	Isẹbel
אִישׁ־בֹּ֫עַל	*’ īš-bá| ‘al*	Ẹschba|al!
אִישׁ(־)בֹּ֫שֶׁת	*’ īš-bó|šæṯ*	Isch-Bọschet
אֶשְׁבָּעַל	*’æš|bā́| ‘al*	= Ẹschba|al
אָכִישׁ	*’ā|ḵīš*	Ạchisch
אֵלָה	*’ē|lā*	Ẹla
אֵלִיָּ֫ה(וּ)	*’ē|liy|yā́(hū)*	Elịja!
אֱלִיהוּ(א)	*’^{æ}lī|hū*	Elịhu
אֱלִימֶ֫לֶךְ	*’^{æ}lī|mǽ|læḵ*	Elimẹlech
אֱלִיעֶ֫זֶר	*’^{æ}lī|‘ǽ|ẕær*	Eliëser
אֶלְיָקִים	*’æl|yā|kīm*	Ẹljakim
אֱלִישָׁה	*’^{æ}lī|šā*	Elịscha
אֱלִישָׁע	*’^{æ}lī|šā‘*	Elịscha

<table>
<tr><td>אֶלְעָזָר</td><td>'æl|ʿā|zār</td><td>Eleạsar!</td></tr>
<tr><td>אֶלְקָנָה</td><td>'æl|qā|nā</td><td>Elkạna</td></tr>
<tr><td>אָמוֹן</td><td>'ā|mōn</td><td>Ạmon</td></tr>
<tr><td>אַמְנ(וֹ)ן</td><td>'am|nōn</td><td>Ạmnon</td></tr>
<tr><td>אֲמַצְיָ֫ה(וּ)</td><td>'^{a}maṣ|yā́(hū)</td><td>Amạzja</td></tr>
<tr><td>(הָ)אֱמֹרִי</td><td>hā|^{æ}mō|rī</td><td>Amorịter</td></tr>
<tr><td>אֱנוֹשׁ</td><td>'^{æ}nōš</td><td>Ẹnosch</td></tr>
<tr><td>אָסָא</td><td>'ā|sā</td><td>Ạsa</td></tr>
<tr><td>אָסָף</td><td>'ā|sāf</td><td>Ạsaf</td></tr>
<tr><td>אֶסְתֵּר</td><td>'æs|tēr</td><td>Ẹster</td></tr>
<tr><td>אֲפֵק אֲפִיק</td><td>'^{a}fē/īq</td><td>Ạfek</td></tr>
<tr><td>אֲפֵ֫קָה</td><td>^{a}fḗ|qā</td><td>nach Ạfek</td></tr>
<tr><td>אֶפְרַ֫יִם 'רָ'</td><td>'æf|rá/ā́|yim</td><td>Ẹfraïm!</td></tr>
<tr><td>אֲרָם</td><td>'^{a}rām</td><td>Ạram(mä̱er)</td></tr>
<tr><td>אֲרַם נַהֲרַ֫יִם</td><td>~ na|h^{a}rá|yim</td><td>Mesopotạmiën</td></tr>
<tr><td>אֲרַמִּי(ם)</td><td>'^{a}ram|mī(m)</td><td>Aramä̱er!</td></tr>
<tr><td>אַרְנ(וֹ)ן</td><td>'ar|nōn</td><td>Ạrnon</td></tr>
<tr><td>אֲרָרַט 'רָ'</td><td>'^{a}rā|ra/āṭ</td><td>Ạrarat</td></tr>
<tr><td>אֶשְׁבָּעַל</td><td>= אִישׁ־בֹּ֫שֶׁת</td><td></td></tr>
<tr><td>אַשְׁדּוֹד</td><td>'aš|dōḏ</td><td>Ạschdod</td></tr>
<tr><td>אַשְׁדּ֫וֹדָה</td><td>'aš|dṓ|ḏā</td><td>nach Ạ.</td></tr>
<tr><td>אַשּׁוּר אַשֻּׁר</td><td>'aš|šūr</td><td>Ạssur,
Assy̱rer!</td></tr>
<tr><td>אַשּׁ֫וּרָה</td><td>'aš|šū́|rā</td><td>nach Ạssur!</td></tr>
<tr><td>אַשְׁקְלוֹן</td><td>'aš|q^{e}lōn</td><td>Ạschkelon</td></tr>
<tr><td>אָשֵׁר</td><td>'ā|šēr</td><td>Ạscher</td></tr>
<tr><td>אֲשֵׁרָה</td><td>'^{a}šē|rā</td><td>Aschẹre</td></tr>
<tr><td>אֲשֵׁירָה</td><td></td><td></td></tr>
<tr><td>בְּאֵר שֶׁ֫בַע</td><td>b^{e}'er</td><td>Beërschẹba!</td></tr>
<tr><td>'שָׁ'</td><td>šǽ/ā́|ḇaʿ</td><td></td></tr>
<tr><td>בָּבֶל</td><td>bā|ḇæl</td><td>Bạbel,</td></tr>
</table>

<table>
<tr><td></td><td></td><td>Babylọn(iën)</td></tr>
<tr><td>בָּבֶ֫לָה</td><td>bā|ḇǽ|lā</td><td>nach Babel</td></tr>
<tr><td>בֵּית(־)אֵל</td><td>bēṯ(-)'ēl</td><td>Bet-Ẹl</td></tr>
<tr><td>בֵּית לֶ֫חֶם</td><td>bēṯ lǽ|ḥæm</td><td>Bẹthlehem!</td></tr>
<tr><td>'לָ'</td><td>lā́|ḥæm</td><td></td></tr>
<tr><td>בֵּית(־)שְׁאָן</td><td>bēṯ(-)š^{e}|ān</td><td>Bet-Schẹan</td></tr>
<tr><td>בֵּית שַׁן שָׁן</td><td>bēṯ(-)ša/ān</td><td></td></tr>
<tr><td>בֵּית(־)שֶׁ֫מֶשׁ</td><td>bēṯ(-)šǽ|mæš</td><td>Bet-</td></tr>
<tr><td>'שָׁ'</td><td>-šā́|mæš</td><td>Schẹmesch</td></tr>
<tr><td>בִּלְהָה</td><td>bil|hā</td><td>Bịlha</td></tr>
<tr><td>בִּלְעָם</td><td>bil|ʿām</td><td>Bịleam!</td></tr>
<tr><td>בָּלָק</td><td>bā|lāq</td><td>Bạlak</td></tr>
<tr><td>בֶּן־הֲדַד</td><td>bæn-h^{a}ḏaḏ</td><td>Ben-Hạdad</td></tr>
<tr><td>־הֲדָד</td><td>-h^{a}ḏāḏ</td><td></td></tr>
<tr><td>בְּנָיָ֫ה(וּ)</td><td>b^{e}nā|yā́(hū)</td><td>Benạja</td></tr>
<tr><td>בִּנְיָמִ(י)ן</td><td>bin|yā|mīn</td><td>Bẹnjamin!</td></tr>
<tr><td>בֹּ֫עַז</td><td>bó|ʿaz</td><td>Bọas</td></tr>
<tr><td>(הַ)בַּ֫עַל 'בָּ'</td><td>(hab)bá/ā|ʿal</td><td>Bạal</td></tr>
<tr><td>בַּעְשָׁא</td><td>baʿ|šā</td><td>Bạscha</td></tr>
<tr><td>בָּרוּךְ</td><td>bā|rūḵ</td><td>Bạruch</td></tr>
<tr><td>בַּרְזִלַּי 'לָ'</td><td>bar|zil|la/āy</td><td>Barsịllai</td></tr>
<tr><td>בָּרָק</td><td>bā|rāq</td><td>Bạrak</td></tr>
<tr><td>(הַ)בָּשָׁן</td><td>(hab)bā|šān</td><td>Bạschan</td></tr>
<tr><td>בַּת־שֶׁ֫בַע 'שָׁ'</td><td>baṯ-šǽ/ā́|ḇaʿ</td><td>Batsẹba!</td></tr>
<tr><td>(הַ)גִּבְעָה</td><td>(hag)giḇ|ʿā</td><td>Gịbea!</td></tr>
<tr><td>גִּבְעָ֫תָה</td><td>giḇ|ʿā́|ṯā</td><td>nach Gịbea!</td></tr>
<tr><td>גִּבְעוֹן</td><td>giḇ|ʿōn</td><td>Gịbeon!</td></tr>
<tr><td>גִּבְע(וֹ)נִי(ם)</td><td>giḇ|ʿō|nī(m)</td><td>Gịbeonịter!</td></tr>
<tr><td>גִּבְעַת שָׁאוּל</td><td>giḇ|ʿaṯ šā|'ūl</td><td>Gịbea Sa̱uls!</td></tr>
<tr><td>גַּבְרִיאֵל</td><td>gaḇ|rī|'ēl</td><td>Gạbriël</td></tr>
<tr><td>גִּבְּתוֹן</td><td>gib|b^{e}ṯōn</td><td>Gịbbeton</td></tr>
</table>

גָּד	*gā*ḏ	Gad
גְּדַלְיָ֫ה(וּ)	*g^{e}ḏal|yā́(hū)*	Gedạlja
גִּדְעוֹן	*giḏ| ʻōn*	Gịdeon!
גּוֹג	*gōg*	Gog
גּוֹלָן	*gō|lān*	Golạn
גֶּ֫זֶר גָּ֫זֶר	*gǽ/ā́|zær*	Gẹser!
גָּ֫זְרָה	*gā́z|rā*	nach Gẹser!
(הַ)גִּלְבֹּ֫עַ	*(hag)gil|bṓ|aʻ*	Gịlboa
(הַ)גִּלְגָּל	*(hag)gil|gāl*	Gịlgal
הַגִּלְגָּ֫לָה	*hag|gil|gā́|lā*	nach Gịlgal
(הַ)גָּלִיל	*(hag)gā|līl*	Galịläa
גָּלְיָת	*gål|yāṯ*	Gọliat
(הַ)גִּלְעָד	*(hag)gil| ʻāḏ*	Gịlead!
גִּלְעָדִי(ם)	*gil| ʻā|ḏī(m)*	Gileadịter!
הַגִּרְגָּשִׁי	*hag|gir|gā|šī*	Girgaschịter
גְּרִזִּים	*g^{e}rī|zīm*	Garizim!
גֹּ֫שֶׁן	*gó|šæn*	Gọschen
גַּת	*gaṯ*	Gat
גַּ֫תָּה	*gát|tā*	nach Gat
דְּבוֹ(ו)רָה	*d^{e}ḇō|rā*	Debọra
דָּגוֹן	*dā|gōn*	Dạgon
דָּוִ(י)ד	*dā|wīḏ*	Dạvid!
דִּינָה	*dī|nā*	Dịna
דְּלִ(י)לָה	*d^{e}lī|lā*	Delịla
דַּמֶּ֫שֶׂק	*dam|mǽ|śæq*	Damạskus!
דַּמָּ֫שֶׂק	*dam|mā́|śæq*	
דָּן	*dān*	Dan
דָּנִיֵּאל	*dā̀|niy|yēl*	Dạniël
דָּנִאֵל	*dā̀|nī| ʼēl*	
דָּרְיָ֫וֶשׁ	*dā̀|r^{e}|yā́|wæš*	Darịus

'מָ' דַּרְמֶ֫שֶׂק → דַּמֶּ֫שֶׂק		
הַ (חַ,הָ,הֶ)	*ha*+ D.f., (*ha, hā, hǣ*)	Artikel
הֶ֫בֶל הָ֫בֶל	*hǽ/ā́|ḇæl*	Ạbel!
הָגָר	*hā|gār*	Hạgar
הֹשֵׁ֫עַ הוֹשֵׁ֫עַ	*hō|šḗ|aʻ*	Hosẹa! (Prophet) Hoschẹa (König)
הָמָן	*hā|mān*	Hạman
הָרָן	*hā|rān*	Hạran
וְ (וַ, וָ, וִ,וּ)	*w^{e} (wa* + D.f., *wā, wi, ū)*	und
זְבוּלוּן זְבֻלוּן זְבוּלֻן	*z^{e}ḇū|lūn*	Sẹbulon!
זְכַרְיָ֫ה(וּ)	*z^{e}ḵar|yā́(hū)*	Sachạrja! (Prophet) Sechạrja (König)
זִלְפָּה	*zil|pā*	Sịlpa
זִמְרִי	*zim|rī*	Sịmri
זְרֻבָּבֶל	*z^{e}rub|bā|ḇæl*	Serubbạbel
חֲבַקּוּק	*ḥ^{a}baq|qūq*	Hạbakuk!
חֶבְרוֹן	*ḥæḇ|rōn*	Hẹbron
חֶבְר֫(וֹ)נָה	*ḥæḇ|rṓ|nā*	nach H.
חַגַּי	*ḥag|gay*	Haggai
חַוָּה	*ḥaw|wā*	Ẹva!
הַחִוִּי	*ha|ḥiw|wī*	Hiwịter!
חֲוִילָה	*ḥ^{a}wī|lā*	Hawịla

חֲזָאֵל ḥ^{a}zā| ’ēl Ḥasaël
חִזְקִיָּה(וּ) ḥiz|kiy|yā́(hū) Hiskịja
יְחִזְקִיָּה(וּ) y^{e}ḥizkiyyā́(hū)
חֻלְדָּה ḥul|dā Hulda
חִלְקִיָּה(וּ) ḥil|kiy|yā́(hū) Hilkịja
חָם ḥām Ham
חֲמָת ḥ^{a}māṯ Ḥamat
חֲמָתָה ḥ^{a}mā́|ṯā nach Ḥamat
חַנָּה ḥan|nā Ḥanna
חֲנוֹךְ ḥ^{a}nōḵ Ḥenoch!
חֲנַנְיָה(וּ) ḥ^{a}nan|yā́(hū) Hanạnja
חָצֹר חָצוֹר ḥā|ṣōr Hạzor
חֹרֵב חוֹרֵב ḥō|rēḇ Họreb
חוֹרֵבָה ḥō|rḗ|ḇā zum Họreb
חֶרְמוֹן ḥær|mōn Hẹrmon
חָרָן ḥā|rān Hạran
חָרָנָה ḥā|rā́|nā nach Hạran
חֶשְׁבּוֹן ḥæš|bōn Hẹschbon
חֵת ḥēṯ Het!
הַחִתִּי ha|ḥit|tī Hetịter!

טְ(וֹ)בִיָּה ṭṑ| ḇiy|yā Tobịja

יְאֹר יְאוֹר y^e ’ōr auch: Nil
הַיְאֹר hay| ’ōr
יֹאשִׁיָּה(וּ) yṑ|šiy|yā́(hū) Joschịja
יְבוּס y^{e}ḇūs Jebus
יְבוּסִי יְבֻסִי y^{e}ḇū|sī Jebusịter
הַיְבֻסִי hay|ḇū|sī
יָבִין yā|ḇīn Jạbin
יָבֵישׁ → יָבֵשׁ
יַבֹּק הַיַּבֹּק (hay)yab|bōq Jạbbok

יָבֵשׁ גִּלְעָד yā|ḇēš gil|‘āḏ Jạbesch-Gịlead
יָהּ yāh Jah (=יְהוָה)
יֵהוּא yē|hū Jẹhu
יְהוָה JHWH, J. yah|wǣ,
אֲדֹנָי Qere ’^{a}ḏō|nāy Herr
יְהוּדָה y^{e}hū|ḏā Jụda, Judä̱er!
יְהוּדִי(ם) y^{e}hū|ḏī(m) Judä̱er!
' y^{e}hō'יְהוֹ auch 'יוֹ yō'
יְהוֹאָחָז יוֹ' y^{e}hṑ| ’ā|ḥāz Jọahas
יוֹ' יְהוֹיָכִ(י)ן y^{e}hṑ|yā|ḵīn, Jọjachin
יְכָנְיָה(וּ) y^{e}ḵon| yā́|hū,
כָּנְיָהוּ kon|yā́|hū,
יְהוֹיָקִ(י)ם y^{e}hṑ|yā|qīm Jọjakim
יְהוֹרָם יוֹ' y^{e}hō|rām Jọram
יֹרָם
יְהוֹשֻׁעַ y^{e}hō|šū́|a‘ Jọsua (Sohn
יְהוֹשׁוּעַ
בִּן־נוּן bin-nūn des Nun),
יֵשׁוּעַ yē|šū́|a‘ Jeschụa
יְהוֹשָׁפָט y^{e}hṑ|šā|fāṭ Jọschafat
yō’ 'יוֹ auch 'יְהוֹ y^{e}hō’
יוֹאָב יֹאָב yō| ’āḇ Jọab
יוֹאֵל yō| ’ēl Jọël
יוֹאָשׁ יֹאָשׁ yō| ’āš Jọasch
יְהוֹ'
יוֹחָנָן yṑ|ḥā|nān Jọhanan
יָוָן yā|wān Jạwan (Jonien)
יוֹנָה yō|nā Jọna
יוֹנָתָן יְהוֹ' yṑ|nā|ṯān Jọnatan

יוֹסֵף יְהוֹ'	yō|sēf	Jọsef
יוֹתָם	yō|ṯām	Jọtam
יִזְרְעֶאל	yiz|r^e ʻæl	Jẹsreël!
יִזְרְעֶ֫אלָה	yiz|r^e| ʻǽ|lā	nach J.!
יְחֶזְקֵאל	y^{e}ḥæz|qēl	Ezẹchiël!
יְחִזְקִיָּ֫ה(וּ)	→ חִזְקִיָּ֫ה(וּ)	
יְכָנְיָ֫ה(וּ)	→ יְהוֹיָכִין	
בֶּן־יִמְלָה/א	bæn-yim|lā	der Sohn Jịmlas
יַעֲקֹב יַעֲקוֹב	ya| ^{a}qōḇ	Jạkob!
יָפוֹ(א)	yā|fō	Jạfo
יֶ֫פֶת יָ֫פֶת	yǽ/ā́|fæṯ	Jạfet!
יִפְתָּח	yif|tāḥ	Jịftach
יִצְחָק	yiṣ|ḥāq,	Ịsaak!
יִשְׂחָק	yiś|ḥāq	
יְרֻבַּ֫עַל 'בָּ֫'	y^{e}rub|bá/ā́| ʻal	Jerubbạ|al
יָרָבְעָם	yå|råḇ| ʻām	Jerọbeam!
יַרְדֵּן הַיַּרְדֵּן	(hay)yar|dēn	Jọrdan!
הַיַּרְדֵּ֫נָה	hay|yar|dḗ|nā	zum Jọrdan!
יְרוּשָׁלַ֫ם	y^{e}rù|šā|láyim	Jerụsalem!
'לִָ'	|lā́yim	
יְרֵחוֹ יְרִחוֹ	y^{e}rī/ē|ḥō	Jẹricho!
יִרְמְיָ֫ה(וּ)	yir|m^{e}yā́(hū)	Jeremịa!
יִשְׂחָק	→ יִצְחָק	
יִשְׂרָאֵל	yiś|rā| ʼēl	Ịsraël (~ịt)!
יִשָּׂשכָר	yiś|śā|ḵār	Ịssachar!
יֵשׁוּעַ	→ יְהוֹשֻׁעַ	
יִשַׁי יִשַׁי	yī|šay yī|šāy	Ịsai!
יִשְׁמָעֵאל	yiš|mā| ʻēl	Ịsmaël (Sohn Abrahams)! Jịschmaël (Attentäter)

יְשַׁעְיָ֫ה(וּ)	y^{e}ša ʻ|yā́(hū)	Jesạja!
יְשֻׁרוּן	y^{e}šū|rūn	Jẹschurun
יֶ֫תֶר יִתְרוֹ	yǽ|ṯær yit|rō	Jịtro
כֹּ֫ורֶשׁ כֹּ֫רֶשׁ	kṓ|ræš	Ky̱ros
כּוּשׁ	kūš	Kusch (ịter)
כּוּשִׁי	kū|šī	Kuschịter
כּוּשַׁן	kū|šan	Kụschan-
רִשְׁעָתַ֫יִם 'תָָ'	riš| ʻā|ṯá/ā́|yim	Rischatạjim
כָּלֵב	kā|lēḇ	Kạleb
כְּמוֹשׁ	k^{e}mōš	Kẹmosch
כָּנְיָ֫הוּ	→ יְהוֹיָכִין	
כְּנַ֫עַן 'נָָ'	k^{e}ná/ā́| ʻan	Kạna|an(ịter)!
כְּנַעֲנִי(ם)	k^{e}na| ^{a}nī(m)	Kana|anịter!
כַּפְתּוֹר	kaf|tōr	Kạftor
כְּרִית	k^{e}rīṯ	Kerit
כַּרְכְּמִ(י)שׁ	kar|k^{e}mīš	Kạrkemisch
(הַ)כַּרְמֶל	(hak)kar|mæl	Kạrmel
כַּרְמְלִי(ת)	kar|m^{e}lī(ṯ)	Kạrmelịter/in
כְּרֵתִי(ם)	k^{e}rē|ṯī(m)	Krẹter
הַכְּרֵתִי	hak|k^{e}rē|ṯī	Kreter
וְהַפְּלֵתִי	w^{e}hap|p^{e}lē|ṯī	und Pelẹter
כַּשְׂדִּים	kaś|dīm	Chaldäer!
כַּשְׂדִּ֫ימָה	kaś|dī́|mā	nach Ch.!
כִּתִּ(יִּ)ים	kit|t(iy|y)īm	Kittäer, Zyprier
לֵאָה	lē| ʼā	Lẹa
לָבָן	lā|ḇān	Lạban
לְבָנוֹן הַלְ'	(hal)l^{e}ḇā|nōn	Lịbanon!
לְבָנ֫וֹנָה	l^{e}ḇā|nṓ|nā	zum L!
לוֹט	lōṭ	Lot
לֵוִי	lē|wī	Lẹvi!

לָכִישׁ	*lā|ḵīš*	Lạchisch
לָכִ֫ישָׁה	*lā|ḵī́|šā*	nach L
לֶ֫מֶךְ לָ֫מֶךְ	*lǽ/ā́|mæḵ*	Lạmech!
מֹאָבִי	→ מוֹאָבִי	
מְגִדּוֹ(ן)	*m^{e}gid|dō(n)*	Megịddo
מִגְדּ(וֹ)ל	*mig|dōl*	Mịgdol
מָדַי מָדָ֑י	*mā|ḏa/āy*	Mẹdiën,
		Mẹdër
מִדְיָן	*miḏ|yān*	Mịdian(ịter)!
מִדְיָנִי(ם)	*miḏ|yā|nī(m)*	Mịdianịter!
מוֹאָב	*mō| ʾāḇ*	Mọab (~ịter)
מוֹאָבִי(ם)	*mō| ʾā| ḇī(m)*	Moabịter
מ(וֹ)רִיָּה	*mō|riy|yā*	Morịja
הַמֹּ(וֹ)רִיָּה	*ham|mō|* "	
מַחֲנַ֫יִם	*ma|ḥ^{a}ná|yim*	Mahanạjim
'נָ֑'	*ma|ḥ^{a}nā́|yim*	
מַחֲנָ֫יְמָה	*ma|ḥ^{a}nā́y|mā*	nach M.
מִיכָאֵל	*mī|ḵā|ʾēl*	Mịchaël
מִיכָה	*mī|ḵā*	Mịcha
מִיכָ֫יְהוּ	*mī|ḵā́y|hū*	
מִיכַל	*mī|ḵal*	Mịchal
מַלְאָכִי	*mal| ʾā|ḵī*	Maleạchi!
מַלְכִּי־צֶ֫דֶק	*mal|kī-ṣǽ|ḏæq*	Melchisẹdek!
מַמְרֵא	*mam|rē*	Mạmre
מָנ֫וֹחַ	*mā|nṓ|aḥ*	Manọach
מְנַחֵם	*m^{e}na|ḥem*	Mẹnahem!
מְנַשֶּׁה	*m^{e}naš|šǣ*	Manạssc!
מִצְפָּה הַמִּ'	*(ham)miṣ|pā*	Mịzpa
מִצְרִי(ם)	*miṣ|rī(m)*	Ägỵpter!
מִצְרַ֫יִם 'רָ֑'	*miṣ|rá/ā́|yim*	Ägỵpten/r!
מִצְרַ֫יְמָה 'רָ֑'	*miṣ|rá/ā́y|mā*	nach Ä.n!

מָרְדֳּכַי 'כָ֑'	*mår|d^{o}ḵa/āy*	Mọrdo/echai
מֹרִיָּה	→ מ(וֹ)רִיָּה	
מִרְיָם	*mir|yām*	Mịrjam
מֹשֶׁה	*mō|šǣ*	Mọse!
מְתוּשֶׁ֫לַח	*m^{e}ṯū|šǽ/ā́laḥ*	Metuschẹlach
'שָׁ֑'		
נְבוֹ	*n^{e}ḇō*	Nẹbo
נְבֻכַדְנֶ(א)צַּר	*n^{e}ḇū|ḵaḏ|*	Nebukad-
נְבוּכַדְרֶאצַּר	*|n/ræṣ|ṣar*	nẹzzar
בֶּן־נְבָט	*bæn-n^{e}ḇāṭ*	der Sohn des Nẹbat
נָבָל	*nā|ḇāl*	Nạbal
נָדָב	*nā|ḏāḇ*	Nạdab
בֶּן־נוּן	*bæn-nūn*	Nun's Sohn
נֹ֫חַ	*nṓ|aḥ*	Nọach
נַחוּם	*na|ḥūm*	Nạhum!
נָחוֹר	*nā|ḥōr*	Nạhor!
נְחֶמְיָה	*n^{e}ḥæm|yā*	Nehemịa!
נִינְוֵה	*nī|n^{e}wē*	Nịnive
נְכֹה נְכוֹ,	*n^{e}ḵō*	Nẹcho
נִמְרֹד	*nim|rōḏ*	Nịmrod
נִמְרוֹד		
נָעֳמִי	*nå| ^{o}mī*	Nọ|omi
נַפְתָּלִי	*naf|tā|lī*	Nạftali
נָתָן	*nā|ṯān*	Nạtan
סְדֹם	*s^{e}ḏōm*	Sọdom!
סְדֹ֫מָה	*s^{e}ḏṓ|mā*	nach S.!
סִיח(וֹ)ן	*sī|ḥōn*	Sịhon!
סִינַי סִינָ֑י	*sī|nay sī|nāy*	Sịnaï
סִיסְרָה	*sī|s^{e}rā*	Sịsera

סֻכֹּת סֻכּוֹת	*suk|kōṯ*	Sụkkot
סֻכֹּ֫תָה	*suk|kṓṯā*	nach Sụkkot
סַנְחֵרִ(י)ב	*san|ḥē|rīḇ*	Sạnherib!
סַרְגּוֹן	*sar|gōn*	Sạrgon
עֶ֫בֶד־מֶ֫לֶךְ	*ʿæ̀|bæḏ-mǽ|læḵ*	Ẹbed-Mẹlech
עֹבַדְיָ֫ה(וּ)	*ʿō|baḏ|yā́(hū)*	Obạdja
עִבְרִי(ם)	*ʿiḇ|rī*	Hebrä̱er!
עֹג עוֹג	*ʿōg*	Og
עֶגְלוֹן	*ʿæg|lōn*	Ẹglon
עֵ֫דֶן	*ʿḗ|ḏæn*	Ẹden
עוּץ	*ʿūṣ*	Uz
עַזָּה	*ʿaz|zā*	Gạza!
עַזָּ֫תָה	*ʿaz|zā́|ṯā*	nach Gạza!
עֻזִּיָּ֫ה(וּ)	*ʿuz|ziy|yā́(hū)*	Usịja =
עֲזַרְיָ֫ה(וּ)	*ʿᵃzar|yā́(hū)*	Asạrja
עֶזְרָא	*ʿæz|rā*	Ẹsra
עֲזַרְיָ֫ה(וּ) → עֻזִּיָּ֫ה(וּ)		
(הָ)עַי הָעָי	*(hā)ʿa/āy*	A̱i̱
עֵיבָל	*ʿē|ḇāl*	Ẹbal
עֵילָם	*ʿē|lām*	Ẹlam
עֵין(־)גֶּ֫דִי	*ʿēn(-)gǽ|ḏī*	En-Gẹdi
עִיר דָּוִד	*ʿīr dā|wīḏ*	Davidstadt (=Jerusalem)
עֵין דֹּר	*ʿēn(-)dōr*	En-Dọr
־ד◌◌א/וֹר		
עֵלִי	*ʿē|lī*	Ẹli
עַמּוֹן	*ʿam|mōn*	Ạmmon(ịter)
עַמּ(וֹ)נִי(ם)	*ʿam|mō|nī(m)*	Ammonịter
עָמוֹס	*ʿā|mōs*	Ạmos
עֲמָלֵק	*ʿᵃmā|lēq*	Ạmalek(ịter)

עֲמָלֵקִי	*ʿᵃmā̀|lē|qī*	Amalekịter
עִמָּ֫נוּ אֵל	*ʿim|mā̀|nū ʾēl*	Immạnuël
עֲמֹרָה	*ʿᵃmō|rā*	Gomọrra
עָמְרִי	*ʿåm|rī*	Ọmri
עֲנָת(וֹ)ת	*ʿᵃnā|ṯōṯ*	Ạnatot
עֶצְיוֹן גֶּ֫בֶר	*ʿæṣ|yōn gǽ|ḇær*	Ẹzjon-Gẹber
עֶצְי(וֹ)ן גָּ֫בֶר	*ʿæṣ|yōn gā́|* ~	
עֶקְרוֹן	*ʿæq|rōn*	Ẹkron
עֵשָׂו	*ʿē|śāw*	Ẹsau!
עֲתַלְיָ֫ה(וּ)	*ʿᵃṯal|yā́(hū)*	Atạlja
עָתְנִיאֵל	*ʿåṯ|nī|ʾēl*	Ọtniël
פָּארָן	*pā|rān*	Pạran
פּוֹטִיפַר	*pṑ|ṭī|far*	Potifar
פִּינְחָס	*pī|nᵉḥās*	Pịnhas!
פִּנְחָס		
פְּלֶ֫שֶׁת	*pᵉlǽ|šæṯ*	Philịster (-land) Land der ~
פְּלִשְׁתִּי(ם)	*pᵉliš|tī(m)*	Philịster
פְּלִשְׁתִּיִּים	*pᵉliš|tiy|yīm*	
הַפְּלֵתִי	*hap|pᵉlē|ṯī*	Pelẹter
הַכְּרֵתִי	*hak|kᵉrē|ṯī*	Krẹter u. P.
וְהַפְּלֵתִי	*wᵉhap|pᵉ…*	
פְּנוּאֵל	*pᵉnū|ʾēl*	Pẹnuël
פְּנִיאֵל	*pᵉnī|ʾēl*	
פֶּ֫קַח	*pǽ|qaḥ*	Pẹkach
פְּקַחְיָה	*pᵉqaḥ|yā*	Pekạchja
הַפְּרִזִּי	*hap|pᵉriz|zī*	Perisịter
פָּרַס פָּרָס	*pā|ra/ās*	Pẹrsien, Pẹrser!

פָּֽרְסִי *pā̀|r^{e}sī* Pẹrser!
פַּרְעֹה *par|ʿō* Phạrao
פֶּ֫רֶץ פָּ֫רֶץ *pǽ/ā́| ræṣ* Pẹrez
פְּרָת *p^{e}rāt̠* Eufrat!

צָדוֹק צָדֹק *ṣā|d̠ōq* Zạdok
צִדְקִיָּ֫הּ(וּ) *ṣid̠|qiy|yā́(hū)* Zidkịja
צוֹר צֹר *ṣōr* Tyrus!
צִידוֹן צִידֹן *ṣī|d̠ōn* Sịdon!
צִיד(וֹ)נִי(ם) *ṣī|d̠ō|nī(m/n)* Sidonịter!
צִדֹנִי(ם/ן)
צִיּוֹן *ṣiy|yōn* Zịon!
צִיּ֫וֹנָה *ṣiy|yṓ|nā* zum Zịon!
צִן *ṣīn* Zin
צְפַנְיָ֫ה(וּ) *ṣ^{e}fan|yā́(hū)* Zefạnja
צִ(י)קְלַג, ־לָג *ṣī̀|q^{e}la/āg* Ziklag
צִ(י)קְלַג ־לָג
צָֽרְפַת *ṣā̀|r^{e}fat̠* Sarẹpta!

קִדְרוֹן *qid̠|rōn* Kịdron
קָדֵשׁ *qā|d̠ēš* Kạdesch
קָדֵשׁ בַּרְנֵ֫עַ *~ bar|nḗ|aʿ* ~- Barnẹa
קָדֵ֫שָׁה *qā|dḗ|šā* nach K.
קֹהֶ֫לֶת *qō|hǽ|læt̠* Kohẹlet
קַ֫יִן קָ֫יִן *qá/ā́|yin* Kain!
קֵינָן *qē|nān* Kenan
קִישׁוֹן *qī|šōn* Kịschon
קְעִילָה *q^{e}ʿī|lā* Keïla
קְעִלָה
קִרְיַת(־) *qir|yàt̠-* Kịrjat-
יְעָרִים הַיְּ *(hay)y^e|ʿā|rīm* Jẹarim

רְאוּבֵן *r^{e}ʾū| b̠ēn* Rụben
רָאמ(וֹ)ת → רָמ(וֹ)ת
רַבָּה *rab|bā* Rạbba =
רַבַּת בְּנֵי(־) *-bat̠ (b^{e}nē-)* Rabba der
עַמּוֹן *ʿam|mōn* Ammonịter
רִבְקָה *rib̠|qā* Rebẹkka!
רַב־שָׁקֵה *rab̠-šā|qē* Rạbschake
רוּת *rūt̠* Rut
רְחַבְעָם *r^{e}ḥab̠| ʿām* Rehạbeam!
רָחֵל *rā|ḥēl* Rạhel!
רֵכָב *rē|k̠āb̠* Rẹchab
רֵֽכָבִי(ם) *rḕ|k̠ā|b̠ī(m)* Rechabịter
(הָֽ)רָמָה *(hā̀)rā|mā* Rạma
רָמ(וֹ)ת גִּלְעָד *rā|mōt̠-gil| ʿād̠* Rạmot-Gịlead
רְעוּאֵל *r^{e}ʿū|ʾēl* Rẹguël
רַעְמְסֵס *ra|ʿam|sēs* Ramses
רְצִין *r^{e}ṣīn* Rẹzin

שֵׂעִיר *śē|ʿīr* Sẹïr
שֵׂעִ֫ירָה *śē|ʿī́|rā* nach Sẹïr
שָׂרָה שָׂרַי *śā|rā śā|ray* Sạra Sạrai
שָׂרָ֑י *śā|rāy*

שָׁאוּל *šā|ʾūl* Saul!
שְׁאָר יָשׁוּב *š^{e}ʾā̀r yā|šūb̠* Scheạr-Jaschụb
שְׁבָא *š^{e}b̠ā* Sạba!
שֶׁ֫בַע *šǽ|b̠aʿ* Schẹba!
שִׁילֹה שִׁילוֹ *šī|lō* Schịlo
שִׁילוֹנִי *šī| lō|nī* Schilonịter
שִׁישַׁק *šī|ša/āq* Schịschaq

שִׁישַׁק		
שְׁכֶם	*š^{e}k̲æm*	Sịchem!
שְׁכֶ֫מָה	*š^{e}k̲ǽ|mā*	nach S.!
שֶׁ֫כְמָה	*šǽk̲|mā*	
שִׁלֹה שִׁלוֹ	→ שִׁילוֹ/ה	
שַׁלּוּם שַׁלֻּם	*šal|lūm*	Schạllum
הַשִּׁלֹּחַ	*haš|šī|lṓ|aḥ*	Schilọach
שָׁלֵם	*šā|lēm*	Sạlem!
שְׁלֹמֹה	*š^{e}lō|mō*	Sạlomo!
שֶׁלֶמְיָ֫ה(וּ)	*šæ|læm|* *|yā́(hū)*	Schelẹmjā
שַׁלְמַנְאֶ֫סֶר	*šal|man|* *|'ǽ|sær*	Salmanạssar!
שֵׁלֹנִי	→ שֵׁילוֹנִי	
שֵׁם	*šēm*	Sem!
שַׁמְגַּר	*šam|gar*	Schạmgar
שְׁמוּאֵל	*š^{e}mū| 'ēl*	Sạmuël!
שִׁמְעוֹן	*šim| ʿōn*	Sịmëon!
שְׁמַעְיָ֫ה(וּ)	*š^{e}maʿ|yā́(hū)*	Schemạjā
שֹׁמְרוֹן שֹׁ'	*šȯ|m^{e}rōn*	Samạria!
שֹׁמְר֫וֹנָה	*šȯ|m^{e}rṓ|nā*	nach S.!

שִׁמְשׁוֹן	*šim|šōn*	Sịmson!
שִׁנְעָר	*šin| ʿār*	Schịnar
שְׁפֵלָה	*š^{e}fē|lā*	Schẹfela
שֵׁת	*šēt̲*	Set!
תֻּבַל	*tū|b̲al*	Tụbal
תָּבוֹר, תָּבֹר	*tā|b̲ōr*	Tạbor
תִּגְלַת	*tig̲|lat̲*	Tịglat-Pilẹser
פִּלְאֶ֫סֶר/	*pil| 'ǽ|sær*	
פְּלֶ֫סֶר /	*p^{e}lǽ|sær*	
פִּלְנֶ֫(א)סֶר	*pil|nǽ|sær*	
תִּמְנָה	*tim|nā*	Tịmna
תִּמְנָ֫תָה	*tim|nā́|t̲ā*	nach Tịmna
תָּמָר	*tā|mār*	Tạmar
תְּק֫וֹעַ	*t^{e}qṓ|aʿ*	Tekọa
תְּק֫וֹעָה	*t^{e}qṓ| ʿā*	nach Tekọa
תֶּ֫רַח תָּ֫רַח	*tǽ/ā́|raḥ*	Tẹrach
תִּרְצָה	*tir|ṣā*	Tịrza
תַּרְשִׁישׁ	*tar|šīš*	Tạrschisch
תַּרְשִׁ֫ישָׁה	*tar|šī́|šā*	nach T.

§2 Zahlen, Pronomen und Artikel, Präpositionen und Konjunktionen, Adverbien, Partikel (Zu Häufigkeitsangaben §7)

§2.1 Zahlen

	Kardinal-/Grundzahlen	Ordnungszahlen 1. – 10.	Kardinal-/Ordnungszahlen 20–90
1	אֶחָד	רִאשׁוֹן (רִאשׁוֹנָה)	
2	שְׁנַיִם	שֵׁנִי(ת)	עֶשְׂרִים
3	שְׁלֹשָׁה	שְׁלִישִׁי(ת)	שְׁלֹשִׁים
4	אַרְבָּעָה	רְבִיעִי(ת)	אַרְבָּעִים
5	חֲמִשָּׁה	חֲמִישִׁי(ת)	חֲמִשִּׁים
6	שִׁשָּׁה	שִׁשִּׁי(ת)	שִׁשִּׁים
7	שִׁבְעָה	שְׁבִיעִי(ת)	שִׁבְעִים
8	שְׁמֹנָה	שְׁמִינִי(ת)	שְׁמֹנִים
9	תִּשְׁעָה	תְּשִׁיעִי(ת)	תִּשְׁעִים
10	עֲשָׂרָה	עֲשִׂירִי(ת)	
11	עַשְׁתֵּי עָשָׂר	↵	
100	מֵאָה		
1000	אֶלֶף		
10000	רְבָבָה		
ø	רִבּוֹ(א)		

1/3; zum 3. Mal	שְׁלִישִׁית
7x	שִׁבְעָתַיִם
je zwei	שְׁנַיִם שְׁנַיִם
4 oder 5	אַרְבָּעָה חֲמִשָּׁה

---

zu 3	B: *tres*, *dr*ei	m. רִאשׁוֹן f.רִאשׁוֹנָה	עֶשְׂרִים < עֶשְׂרַיִם
5	B: *Hand*	m. שֵׁנִי f. שֵׁנִית	(2x10)
6	B: *sechs*	usw.	
7	B: *sieb*en	.	
100	B: *m*ehr = מְאֹד	ab 11. = Grundzahlen	

Grundzahlen

St. = Status, a. = absolutus; cs.= constructus; m.= maskulin; f.= feminin

Ib	10	9	8	7	6	5	4	3	2 (Du.)	1	St.	Ia	Zahlen
אִישׁ / שָׁנָה		תִּשְׁעִים	שְׁמֹנִים	שִׁבְעִים	שִׁשִּׁים	חֲמִשִּׁים	אַרְבָּעִים	שְׁלֹשִׁים	עֶשְׂרִים [a]	כֹּהֲנִים/אַמּוֹת	X	m./f.	20–90
בָּנִים	עֲשָׂרָה	תִּשְׁעָה	שְׁמֹנָה	שִׁבְעָה	שִׁשָּׁה	חֲמִשָּׁה	אַרְבָּעָה	שְׁלֹשָׁה	שְׁנַיִם	אִישׁ־אֶחָד	a.	mit	1–10
בָּנִים / אִישׁ		" עָשָׂר	~ "	~ "	~ "	~ "	~ "	~ "	~ שְׁנֵי(ם)	~ אַחַד/עַשְׁתֵּי	cs.	mas-kuli-	11–19
בָּנִים	עֲשֶׂרֶת	תִּשְׁעַת	שְׁמֹנַת	שִׁבְעַת	שֵׁשֶׁת	חֲמֵשֶׁת	אַרְבַּעַת	שְׁלֹשֶׁת	שְׁנֵי	אַחַד הַבָּנִים		nem Nomen	1–10
בָּנִים / בָּנוֹת	אֲלָפִים"	~ "	~ "	~ "	~ "	~ "	~ "	~ "	אַלְפַּיִם	a/cs אֶלֶף		m./f.	1000–9000
בָּנוֹת	עֶשֶׂר	תֵּשַׁע	שְׁמֹנֶה	שֶׁבַע	שֵׁשׁ	חָמֵשׁ	אַרְבַּע	שָׁלֹשׁ	שְׁתַּיִם [1]	שָׂפָה אַחַת/אֶחָת	a.	mit femi-	1–10
בָּנוֹת	"	תְּשַׁע	"	שְׁבַע	"	חֲמֵשׁ	"	שְׁלֹשׁ	שְׁתֵּי[1]	אַחַת הַבָּנוֹת	cs.	ni-	
בָּנוֹת / שָׁנָה		" עֶשְׂרֵה	~ "	~ "	~ "	~ "	~ "	~ "	~ שְׁתֵּי(ם)[1]	~ עַשְׁתֵּי/ "		nem Nomen	11–19
בָּנִים / בָּנוֹת		" מֵאוֹת	~ "	~ "	~ "	~ "	~ "	~ "	~ מָאתַיִם	~ מְאַת cs,מֵאָה a		m./f.	100–900

~ ": z. B. 13 שְׁלֹשׁ עֶשְׂרֵה, 300 שְׁלֹשׁ מֵאוֹת, 3000 שְׁלֹשֶׁת אֲלָפִים [a] aus עֶשְׂרִים (2x10) [1] lies: שְׁתַּיִם *š^e tá|yim* oder שְׁתַּיִם *šit|tá|yim* usw.
אִישׁ *'īš* Mann; אַמָּה *'am|mā* Elle, Pl. אַמּוֹת *'am|mōt*; בֵּן *bēn* Sohn, Pl. בָּנִים *bā|nīm*; בַּת *bat* Tochter, Pl. בָּנוֹת *bā|nōt*;
כֹּהֵן *kō|hēn* Priester, Pl. כֹּהֲנִים *kō|h^a nīm*; שָׂפָה *śā|fā* Lippe, Sprache; שָׁנָה *šā|nā* Jahr.

Die endungslosen Einer 3–9, z. B. cs. שְׁלֹשׁ, werden mit femininem Nomen verbunden: שְׁלֹשׁ בָּנוֹת; so auch die Hunderter, z. B. 300: שְׁלֹשׁ מֵאוֹת. Die auf -*ā/t* endenden Einer 3–9, z. B. שְׁלֹשֶׁת, werden mit maskulinem Nomen verbunden: שְׁלֹשֶׁת בָּנִים; so auch die Tausender, z.B. 3000: שְׁלֹשֶׁת אֲלָפִים. Entsprechend werden bei 11–19 die endungslosen Einer mit עֶשְׂרֵה, z. B. 13 שְׁלֹשׁ עֶשְׂרֵה, und die auf *ā* endenden mit dem endungslosen עָשָׂר verbunden, z. B. שְׁלֹשָׁה עָשָׂר.

§2.2 Pronomen und Artikel

Sg.	אָנֹכִי/אֲנִי	ich
	אַתָּה	du (m.)
	אַתְּ	(f.)
	הוּא	er
	הִיא	sie
Pl.	אֲנַ֫חְנוּ/נַ֫חְנוּ	wir
	אַתֶּם	ihr (m.)
	אַתֵּ֫נָה/אַתֵּן	(f.)
	הֵ֫מָּה, הֵם	sie (m.)
	הֵ֫נָּה	sie (m.)
Demonstrativpronomen		
Sg.	זֶה	dieser (m.)
	זֹאת	diese (f.)
Pl.	אֵ֫לֶּה	diese
	אֵ֫לֶּה הַדְּבָרִים	dies sind die Worte
	הַדְּבָרִים הָאֵ֫לֶּה	diese Worte
Sg.	הַהוּא	jener
	הַהִיא	jene
Pl.	הָהֵ֫מָּה/ הָהֵם	jene (m.)
	הָהֵ֫נָּה	(f.)
	הָאָ֫רֶץ הַהִיא	jenes Land
Fragepronomen		
	מִי	wer?
	מִי זֶה/הוּא	
	מִי הוּא זֶה	
	מִי אֵ֫לֶּה	wer sind diese?
	בַּת־מִי אַתְּ	wessen Tochter bist du?
	לְמִי	wem?
	אֶת־מִי	wen?

	מָה (מ ·, מַ, מֶה),	was? wie?
	לָ֫מָּה/לָמָה	warum?
	לָ֫מָּה זֶה	warum denn?
Relativpronomen		
	אֲשֶׁר/שֶׁ·(שֶׁ, שַׁ·, שָׁ, שְׁ, שֶׁל)	wo (relativ)
oder: von welchem/r/n gilt, dass …		
	אֲשֶׁר ... שָׁם	wo (relativ)
	אֲשֶׁר ... שָׁ֫מָּה	wohin (relativ)
	אֲשֶׁר ... מִשָּׁם	von wo (relativ)

Indefinita

אִישׁ	ir-gend-/einer	לֹא אִישׁ	niemand /keiner
נֶ֫פֶשׁ		לֹא נֶ֫פֶשׁ	
אָדָם		לֹא אָדָם	
אִשָּׁה	/eine	לֹא אִשָּׁה	/keine
דָּבָר	etwas	לֹא דָבָר	nichts

	כָּל־עָם	jedes Volk
	כָּל־הָאָדָם	alle Menschen
	כָּל־דָּבָר	irgendeine Sache, irgendetwas
§2.1	יָמִים אֲחָדִים	einige Tage
§2.1	הָאֶחָד ... הָאֶחָד	der eine … der andere
§2.2	זֶה ... (וְ)זֶה	dieser … jener
	אִישׁ אֶל־אָחִיו	einer zum/ anderen, untereinander
	אִישׁ אֶל־רֵעֵהוּ	
	אִשָּׁה אֶל־אֲחוֹתָהּ	eine zur/…

Artikel

הַ·(חַ,הָ,הֶ)	der, die, das; die
הַמֶּ֫לֶךְ	der König
הַיּוֹם	dieser Tag: heute

§2.3 Präposition und Konjunktion

a) Präposition (zu der Funktion als Konjunktion siehe b)

לְ	zu, hinsichtlich	מִחוּץ לְ, לְרֶ֫גֶל לְעוֹלָם, לְפִי, לְעֵינֵי, לִפְנֵי, לָמָה, לָ֫מָּה; לָנֶ֫צַח, לְבַד מִן, מִלְּבַד, לִקְרַאת §2.2
הִשָּׁמֵר לְךָ, הִשָּׁמְרוּ לָכֶם	hüte dich, hütet euch	(mit rückweisendem Suffix)
בְּ(מוֹ)	in, mit, durch	בְּקֶ֫רֶב, בְּרֶ֫גֶל, בְּעִתּוֹ, בְּתוֹךְ, בְּלֵב, בְּעֵינֵי, בְּיַד, בָּרִאשֹׁנָה, בָּזֶה §2.4b; vgl. בּוֹא
אֵת I, + Suff. אֹתִי	nota accusativi	
מִן (מִ·, מִ, מֵ)	von, seit	מֵעֵ֫בֶר, לְבַד מִן, מִלְּבַד, מִחוּץ לְ, מֵעוֹלָם, מִמָּחֳרָת, מִקֶּ֫דֶם, מִזֶּה, אֵי־מִזֶּה, §2.4b, מִשָּׁם, מֵאַ֫יִן §2.4a
מִזִּקְנֵי יִשְׂרָאֵל	einige von den Ältesten Israels	
טוֹב ... מִן	besser … als	
עַל, + Suff. עָלַי	(< *'alay*) auf, samt, wegen, über, an, bei, gegen	E: „*auf Samtwegen über-a*ll da-*gegen*“; עלה, עַל־כֵּן §2.4a; עַל־דְּבַר
אֶל, + Suff. אֵלַי	(< *'ilay*) zu	
כְּ(מוֹ)	wie	
כְּעֶ֫שֶׂר שָׁנִים	ungefähr 10 Jahre	עֲשָׂרָה, עֶ֫שֶׂר §2.1
עַד/עֲדֵי	bis (zu), während	עַד אָן/אָ֫נָה, עַד מָתַי §2.4a
עִמָּדִי, עִמּוֹ, + Suff. עִם	mit, bei	עִמָּ֫נוּ אֵל *Immanuël* „mit uns ist Gott“
אִתִּי + Suff. אֵת II,	mit, bei	
אַחַר/אַחֲרֵי	hinter, nach	
בַּ֫עַד/ בְּעַד	hinter	
הִתְפַּלֵּל בְּעַד	bitten, beten für	
תַּ֫חַת	unter	
תַּ֫חַת בְּנוֹ	anstelle seines Sohnes	
בֵּין, בֵּין ... וּבֵין	zwischen	

סָבִיב; סְבִיבֵי־/ סְבִיבוֹת־	ringsum	
יַ֫עַן/ לְמַ֫עַן/ בַּעֲבוּר	um … willen, wegen	
נֶ֫גֶד, לְנֶ֫גֶד	vor, gegenüber von	
עֵ֫בֶר, בְּ/מֵעֵ֫בֶר	jenseits, gegenüber	
אֵ֫צֶל	neben	
בִּלְתִּי/בְּלִי, בִּבְלִי/מִבְּלִי	ohne	בַּל §2.4a

b) Konjunktion (zu der Funktion als Konjunktion siehe a)

וְ (וּ, וַ·, וַ, וֶ, וָ, וִ)	und
וְ ... וְ	sowohl … als auch
גַּם	auch, sogar, doch
גַּם, ~ כִּי	wenn auch
גַּם ... גַּם	sowohl … als auch
גַּם ... לֹא	auch nicht
אוֹ	oder
אוֹ ... אוֹ	sei es … sei es
אַף I	auch, sogar, doch
כִּי / אֲשֶׁר/ שֶׁ·	dass, so dass, weil, wenn, als
לְ (+ Inf.cs.)	damit, um zu, so dass
לְמַ֫עַן/בַּעֲבוּר, ~ אֲשֶׁר	damit
פֶּן־	dass nicht
בַּל	dass nicht (poetisch)
בִּלְתִּי/ לְבִלְתִּי	ohne dass, damit nicht
מִן (+ Infc.)	so dass nicht

אִם	wenn, als; (im Schwursatz) wahrlich nicht
אִם לֹא	(im Schwursatz) wahrlich
בְּ (+ Inf. cs.), הִנֵּה/הֵן	wenn
לוּ	wenn, o dass doch!
לוּלֵא/לוּלֵי	wenn nicht
בַּאֲשֶׁר/בְּשֶׁ· , מֵאֲשֶׁר	weil
יַ֫עַן, ~ אֲשֶׁר/כִּי	
עַל,~ אֲשֶׁר/כִּי/דְּבַר אֲשֶׁר	
תַּ֫חַת, ~ אֲשֶׁר/כִּי	anstatt dass, weil
מִבְּלִי/עַל בְּלִי	weil nicht
עַל (+ Inf. cs.)	obgleich
טֶ֫רֶם, בְּטֶ֫רֶם	bevor, noch nicht
כְּ (+ Inf. cs.), כַּאֲשֶׁר	wie, als, sobald als
עַד, ~ אֲשֶׁר/כִּי/אִם	bis, bis dass
עַד בִּלְתִּי	bis dass nicht
אַחַר/אַחֲרֵי, ~ אֲשֶׁר	nachdem

§2.4 Adverb und Partikel (vgl. auch ihre Funktion unter §2.3)

a) selbständige Adverbien und Partikel

לֹא	nicht, nein
בְּלֹא	ohne; rotw. *bla*u machen „nichts tun“
הֲלֹא	etwa?
אַל־	nicht (mit Jussiv)
אַל־תִּירָא	fürchte dich nicht!
בַּל	nicht (poetisch)
בְּלִי	un-, -los
בִּלְתִּי	nicht, un-
טֶ֫רֶם	noch nicht
כִּי	ja, wirklich
לֹא ... כִּי	nicht … sondern
כִּי אִם	sondern
הֲ (הַ, הֶ)	Fragepartikel
אִם	ob
הֲ ... אִם	ob … oder
הֲ ... לֹא	etwa?
אַךְ	gewiß; nur, jedoch
אָכֵן	gewiß, fürwahr; jedoch
רַק	nur
אוּלַי	vielleicht, ob nicht
אֵיךְ	wie?
אֵיכָה	wie?, wo?
כֵּן/כָּ֫כָה/כֹּה	so
וַיְהִי־כֵן	es geschah so
לָכֵן/ עַל־כֵּן	deshalb
כֹּה אָמַר יְהוָה	so spricht (hiermit) JHWH
אֵפוֹא/אֵפוֹ/אֵיפוֹא	denn, also

מָתַי	wann?
עַד מָתַי	bis wann?
עַד אָן/אָ֫נָה	wie lange?
אָז	dann, damals
מֵאָז	seit jeher
אַחַר/אַחֲרֵי, אַחֲרֵי־כֵן	danach
אָן/אָ֫נָה	wo?, wohin?
אֵי/אַיֵּה/אֵיפֹה	wo?
אַיֶּ֫כָּה	wo bist du?
אֵי־זֶה	wo?, woher?, welcher?
אֵי־מִזֶּה	woher?
מֵאַ֫יִן	
פֹּה/פֹּא/פוֹ	hier, hierher
מִפֹּה/מִפּוֹ	von hier
הֵ֫נָּה II	hier, hierher
אָ֫נֶה וָאָ֫נָה	hierhin und dorthin
שָׁם/שָׁ֫מָּה	dort, dorthin
מִשָּׁם	von dort
אֲשֶׁר ... שָׁם	wo (relativ)
אֲשֶׁר ... שָׁ֫מָּה	wohin (relativ)
אֲשֶׁר ... מִשָּׁם	von wo (relativ)

b) von Nomen, Partizip oder Verb abgeleitete Adverbien

הַיּוֹם	heute
יוֹמָם	bei Tage
לַ֫יְלָה	nachts, bei Nacht
מָחָר	morgen
מָחֳרָת	folgender Tag
מִמָּחֳרָת	am folgenden Tag
הַפַּ֫עַם	diesmal
עַתָּה	jetzt
בְּעִתּוֹ	zu seiner Zeit, zur richtigen Zeit
תָּמִיד	beständig, immerfort
לָנֶ֫צַח	für immer
עַד עוֹלָם/ לְעוֹלָם	
מֵעוֹלָם	seit jeher
מִקֶּ֫דֶם	
בָּרִאשֹׁנָה	früher, vormals
עוֹד	noch, wieder
לֹא ... עוֹד	nicht mehr
בָּזֶה	hier (§2.2)
מִזֶּה	von hier
מַ֫עַל/מִמַּ֫עַל	oben
תַּ֫חַת/מִתַּ֫חַת	unten §2.3a)
סָבִיב	ringsum
mit ה locale	
קֵ֫דְמָה	nach Osten
נֶ֫גְבָּה	nach Süden
יָ֫מָּה	nach Westen
צָפ֫וֹנָה	nach Norden
מֵרָחוֹק	aus/in der Ferne
יֵשׁ	es gibt

יַ֫חַד/יַחְדָּו	zusammen, miteinander
לְבַד	allein
לְבַדִּי	ich allein usw.
רַבַּת	in reichem Maße
אֵין מִסְפָּר	ohne Zahl, unzählig
מְאֹד	sehr
מְעַט	wenig
כִּמְעַט/ עוֹד מְעַט	beinahe, ein wenig
חִנָּם	umsonst
מַדּ֫וּעַ	warum?
לָ֫מָּה/לָמָה	warum?
לָ֫מָּה זֶה	warum denn?
מִי יוֹדֵ֫עַ	vielleicht
רַב עַתָּה	jetzt ist's genug
אָמֵן	gewiss, ja

Verb neben einem zweiten Verb (= Formverb):

שׁוּב	wieder, weiter
יסף, הוֹסִיף	
כִּלָּה	zu Ende, ganz
מַהֵר	schnell
הִשְׁכִּים	früh, eifrig, immer wieder

Infinitivus absolutus

הָלוֹךְ	fortwährend
הֵיטֵב	mit Recht, gut
הַרְבֵּה	viel
מַהֵר	schnell
הַרְחֵק	fern

c) Interjektion und Ausruf

הִנֵּה/ הֵן	siehe!
הוֹי	wehe! (Schmerzruf, drohend)
אוֹי	wehe! (Angstruf, drohend)
לוּ	o dass doch!
נָא	bitte! doch!
בִּי אֲדֹנִי/אֲדֹנָי	bitte, (mein) Herr!; mit Verlaub! (Gesprächseröffnung)
חָלִ֫ילָה (לִּי)	fern sei es (von mir)!
אַשְׁרֵי	heil dem, der …!

Imperative in Interjektionsfunktion

(הלך)	לֵךְ, לְכָה, לְכוּ	auf!
	קוּם, קוּמָה, קֹ֫וּמוּ	
(יהב)	הַב, הָ֫בוּ	
(ראה)	רְאֵה, רְאוּ	siehe!

Nomen in Interjektionsfunktion

קוֹל horch!

<table>
<tr><td>6878</td><td>יְהוָה</td><td>JHWH, J.</td><td>Ketib: yāh|wæ; Qere: ʼ^{a}d̲ō|nāy = אֲדֹנָי Herr; Kurzformen: יָרָם = יוֹרָם = יְהוֹרָם :יְהוֹ/יוֹ/י- Joram „J. ist erhaben“; -יָהוּ/יָה: אֵלִיָּהוּ = אֵלִיָּה Elija „J. ist Gott“</td></tr>
<tr><td></td><td>יָהּ</td><td>Jah (=יְהוָה)</td><td>הַלְלוּיָהּ = הַלְלוּ־יָהּ hal|lū (-) yāh lobt Jah (= JHWH)! Halleluja!</td></tr>
<tr><td>5511</td><td>בֵּן, בֶּן־</td><td>Sohn (auch im weitesten Sinne)</td><td>Ben-Hadad בֶּן־הֲדַד „Sohn des Vegetationsgottes) Hadad“,</td></tr>
<tr><td></td><td>בָּנִים וּבָנוֹת</td><td>◦ Söhne und Töchter</td><td rowspan="4">Benjamin בִּנְיָמִין „Sohn der rechten Hand, d.h. des Glücks oder des Südens = Südländer (aus dem südlichsten Gebiet des Nordreichs Israel)“; $^+$בנה 2419 ?</td></tr>
<tr><td></td><td>בְּנֵי בָנִים</td><td>◦ Enkel</td></tr>
<tr><td></td><td>בֶּן־אַרְבָּעִים שָׁנָה</td><td>◦ 40-jährig</td></tr>
<tr><td></td><td>בְּנֵי יִשְׂרָאֵל</td><td>◦ Israeliten</td></tr>
<tr><td></td><td>בֶּן־אָדָם</td><td>◦ einzelner Mensch, Menschensohn</td><td>(häufige Anrede an Ezechiel)</td></tr>
<tr><td></td><td>בַּת, בִּתִּי</td><td>Tochter (auch im weitesten Sinne)</td><td rowspan="2">bint>bat̲; bittī „meine Tochter“; Batseba בַּת־שֶׁבַע „Tochter der Fülle; Üppige“, vgl. שׂבע 107</td></tr>
<tr><td></td><td>בָּנִים וּבָנוֹת</td><td>◦ Söhne und Töchter</td></tr>
<tr><td></td><td>בַּת־צִיּוֹן</td><td>◦ Tochter Zion</td><td>Bewohnerschaft Zions = Jerusalem</td></tr>
<tr><td>5413</td><td>כֹּל</td><td>Gesamtheit</td><td>E: <u>Koll</u>ektiv</td></tr>
<tr><td></td><td>כָּל־הָעָם / (å)</td><td></td><td></td></tr>
<tr><td></td><td>הָעָם כֻּלּוֹ</td><td>◦ das ganze Volk</td><td></td></tr>
<tr><td></td><td>כָּל־הָאָדָם</td><td>◦ alle Menschen</td><td></td></tr>
<tr><td></td><td>כָּל־עָם</td><td>◦ jedes Volk</td><td></td></tr>
<tr><td></td><td>כָּל־דָּבָר</td><td>◦ irgendeine Sache</td><td></td></tr>
</table>

5307	אמר	sagen	*Emir* „Belfehlshaber“, *Emirat*
	כֹּה אָמַר יְהוָה צְבָאוֹת לֵאמֹר	◦ So spricht/hat gesprochen JHWH Zebaoth:	לֵאמֹר („um zu sagen“, Inf. cs. + ל) markiert das Ende der Redeeinleitung und entspricht dem Doppelpunkt
	וַיֹּאמֶר בְּלִבּוֹ	◦ er dachte bei sich	
3561	היה	sein, werden; geschehen = ni	אֶהְיֶה אֲשֶׁר אֶהְיֶה „ich werde sein, der ich sein werde“ (Ex 3,14)
	וַיְהִי דְבַר יְהוָה אֶל־	◦ es geschah (*wayhī*) das Wort JHWHs zu …	
3149	מלך	König sein hi	B: lat. *mul*tus „viel“
	מֶלֶךְ; מְלָכִים	König	מלכים Buchtitel: Regum;
	מַלְכָּה	Königin	vgl. ⁺213 מַלְאָךְ; מַלְכִּי־צֶדֶק „der (Gott)König ist Gerechtigkeit“ (Gn 14,18); אֲבִימֶלֶךְ „der Vater(gott) ist (Gott) König“
	מַמְלָכָה, מַמְלֶכֶת(־)/ מַלְכוּת/מַמְלָכוּת	Königsherrschaft, -würde, Königreich	
	כָּל־מַמְלְכוֹת הָאָרֶץ	◦ alle Königreiche der Erde	
	מְלוּכָה	Königtum	
3009	אִישׁ; אֲנָשִׁים	Mann; jeder, irgendeiner	*Isch-Boschet* אִישׁ(־)בֹּשֶׁת „Mann der Schande“ statt אֶשְׁבַּעַל (Gefolgs)mann Baals“
	אִישׁ אֶל־רֵעֵהוּ	◦ einer zum anderen, untereinander	
	אֱנוֹשׁ	Menschen, Mensch	*Enosch* (Gn 4,26)
	אִשָּׁה, אֵשֶׁת־	Frau; jede, irgendeine	jidd. (meine) *Ische* „Frau, Freundin“
	אֲנָשִׁים וְנָשִׁים	◦ Männer und Frauen	
	אִשָּׁה אֶל־אֲחוֹתָהּ	◦ eine zur anderen, untereinander	
2896	אֱלֹהִים	Gott (JHWH), Götter	*Eloh*ist (= E), der - anders als der *Jahw*ist (= J) - אֱלֹהִים bevorzugt; arab. *'ilāhu* „Gott“, al-*lāhu* „(der) Gott“ Al*lah*
	בְּנֵי אֱלֹהִים	◦ Gottes/Göttersöhne: göttliche Wesen	
	אֱלוֹהַּ/אֱלָהּ	Gott	
	אֵל	Gott	*El*ija אֵלִיָּה(וּ) / *Jo*ël יוֹאֵל „JHWH ist Gott“
	אֵל עֶלְיוֹן	◦ der höchste Gott	

B: Brunner, Ba: Baader, E: Eselsbrücke

2857	עשׂה	machen, tun ni	Ba: lat. *ut*i „von etwas Gebrauch (*us*us) machen“, engl. *us*e „gebrauchen“, *c*au*s*e „verursachen“
	עֹשֶׂה	◦ Pt. auch: Schöpfer	
	מַעֲשֶׂה	Tat, Werk, Arbeit	
2576	דִּבֶּר	pi q reden, sprechen	jidd. *dibbern* „(leise auf jemanden ein)reden“; (lies: *waydabber*); E: *br*abbeln, la*bern*
	וַיְדַבֵּר יְהוָה אֶל ...	◦ JHWH sprach zu …	
	דָּבָר	Wort, Sache; etwas	E: dankbares Wort
	דְּבָרִים	◦ Gebote	דברים Buchtitel: Deuteronomium
	סֵפֶר דִּבְרֵי הַיָּמִים	Tagebuch, Annalen	דברי הימים Buchtitel: Chronica
	עַל־דְּבַר	◦ wegen	
2571	בּוֹא	kommen, hineingehen hi	בְּ §2.2a „in“; russ. *w* (Schriftzeichen: *B*) „in“; E: *wo* hinein-gehen?
2504	אֶרֶץ, הָאָרֶץ	*Erd*e, Land	אֶרֶץ יִשְׂרָאֵל (Land) Israel, „*Ha-aretz*“ (israel. Zeitung); aram. אֲרַע, arab *’arḍ*, dt. *Erd*e
2419	בנה, וַיִּבֶן cPK	*bauen* ni	B: *wohn*en, E: bauen; *Ben*aja
	בֹּנֶה	◦ Pt. auch: Bauarbeiter, Erbauer	בְּנָיָה(וּ) „JHWH hat (eine Familie) aufgebaut; ? +בֵּן 5511
	בַּיִת, בֵּית־; בָּתִּים, בָּתֵּי־	Haus, Hausgemeinschaft	Buchstabe ב *Bet*, aus dem Hausgrundriss abgeleitet; Ba: *Bu*d*e*; *Bei*z (schweizerisch), *Beis*el (österreichisch) „Schenke, Wirtshaus“, *Betlehem*
	בֵּית הַמֶּלֶךְ	◦ der Königspalast	
	בֵּית־יְהוָה	◦ der Tempel JHWHs	בֵּית לֶחֶם „Brothausen“, *Bet-El*
	בֵּית־יִשְׂרָאֵל	◦ die Volksgemeinschaft Israel/Juda	בֵּית(־)אֵל „Haus/Tempel Gottes“; :: אֹהֶל „Zelt“ 345
	בֵּית־יְהוּדָה		
2358	יוֹם; יָמִים	Tag	Jom Kippur 8; Ivrith: יוֹם טוֹב „guten Tag!“; :: לַיִל/לַיְלָה 303
	וַיִּקְרָא אֱלֹהִים לָאוֹר יוֹם	◦ Gott nannte das Licht Tag (Gn 1,5)	
	הַיּוֹם	◦ heute (< dieser Tag)	
	יוֹמָם	◦ bei Tage	

B: Brunner, Ba: Baader, E: Eselsbrücke

2259	פנה	q hi (sich) wenden pi (frei)räumen	E: in *Pan*ik sich wenden; פֶּן־ §2.3b
	פְּנֵי אֵלַי	◦ wende dich zu mir!	
	פָּנִים	Gesicht, Oberfläche, Vorderseite	*Pnuël/Pniël* פְּנִיאֵל / פְּנוּאֵל „das Angesicht Gottes“
	לֶחֶם (הַ)פָּנִים	◦ Schaubrote	12 „Brote“ im Heiligtum als Speise „vor dem Angesicht Gottes“
	לִפְנֵי	◦ vor, ehe	
2009	נתן	geben ni	Prophet *Natan* נָתָן „(Gott) hat gegeben“, Jo*natan* יְהוֹנָתָן /יוֹנָתָן = *Natan*ja נְתַנְיָה(וּ) „JHWH hat gegeben“; :: לקח 966
	מִי יִתֵּן	◦ dass doch ...!	
1867	עַם/עָם	Volk, Stammverwandter	E: *am*erikanisches Volk oder: nah *am* Volk; *Ammon* עַמּוֹן;
	עַם הָאָרֶץ	◦ Landbevölkerung, judäischer Landadel	Ba: vgl. עִם §2.3a „mit“, lat. *cum* „zusammen mit“
	נֶאֱסַף אֶל־עַמָּיו	◦ er wurde zu seinen Verwandten versammelt = er starb	
1618	יָד f.; יָדוֹת	Hand, Seite, Macht	Buchstabe י *Jod* davon abgeleitet? äg. *d* (*dt*, *drt* f.) „Hand“; :: רֶגֶל „Fuß, Bein“ 247
	הַקֹּל קוֹל יַעֲקֹב וְהַיָּדַיִם יְדֵי עֵשָׂו׃	◦ die Stimme ist die Stimme Jakobs, aber die Hände sind Esaus Hände	(Gn 27,22)
	בְּיַד־	◦ auch: durch	
1547	הלך	gehen, hi bringen, hit sich ergehen	// Iw ולך; Ba: engl. *walk*
	הָלוֹךְ יֵלֵךְ וּבָכֹה	◦ er geht, wobei er fortwährend weint (Ps 126,6)	Inf. abs. הָלוֹךְ ist adverbiell gebraucht: „fortwährend“; Inf. abs. בָּכֹה präzisiert das Geschehen
1406	ראה	sehen ni hi	q hi וַיַּרְא „er sah, er erschien“ E: *ra*tlos aussehen
	רְאֵה, רְאוּ	◦ Imp. auch Intj.: siehe!	
	רֹאֶה	Pt. auch: Seher	
	מַרְאֶה	Sehen, Aussehen, Vision	

1370	עלה	hinaufgehen hi ho ni sich erheben	B: lat. *al*tus „hoch“, עַל §2.3a
	Q/Hi cPK וַיַּעַל	◦ q er ging hinauf hi er führte hinauf	
	עֹלָה, עוֹלָה	(Pt. f.) auch: Brandopfer	
	עֶלְיוֹן	oberer, höchster	
	אֵל עֶלְיוֹן	◦ der höchste Gott	
	מַעַל/מִמַּעַל	oben	
1234	עבד	arbeiten, dienen hi	E: *rabot*tern (russ. rabótatj) „*ar*-*beit*en“, B: lat. *oper*ārī
	עבד אֶת־יְהוָה	◦ JHWH dienen, verehren	עֹבַדְיָה *Obad*ja „der Diener (Pt.) JHWHs“ = עֶבֶד־יְהוָה;
	עֹבֵד	◦ Pt. dienend	E: *Robo*ter; עֶבֶד־מֶלֶךְ *Ebed-Melech*, „der Diener des (Gott)Königs“;
	עֶבֶד	Knecht, Sklave, Diener	
	עֶבֶד־יְהוָה	◦ der Gottesknecht	*Ebed JHWH*; arab. *Abdu*llah „der Diener Gottes (Allahs)“
	עֲבֹדָה	Arbeit, Dienst	E: russ. *rabóta* „*Arbeit*“, *Robo*-*ter*, B: lat. *opus*
	כְּלֵי הָעֲבֹדָה	◦ die gottesdienstlichen Geräte	
1211	אָב, אֲבִי־; אָבוֹת	Vater (auch im weitesten Sinne)	*A*bram/*A*braham אַבְרָהָם/אַבְרָם „(Gott)Vater ist erhaben“, Jo*ab* יוֹאָב, יֹאָב / *Ab*ija אֲבִיָּה(וּ) „JHWH ist der Vater(gott)“; aram. אַבָּא, gr. ἀββά, *Abba*, *Ab*t, *Papa*; f. אֵם 220
	בֵּית אָב	◦ Familie	
1159	שמע	hören ni hi	יִשְׁמָעֵאל *Isma*el „Gott (er)hört“; jidd. red keinen *Schmus* „Unsinn“ (< שְׁמוּעוֹת „Gehörtes, Gerücht“)
	שְׁמַע יִשְׂרָאֵל	◦ Höre, Israel!	*Schema Jisrael* (Dt 6,4)
1087	עִיר f.; עָרִים	Stadt	E: *ihr*e Stadt
	הָעִיר הַגְּדוֹלָה	◦ die große Stadt	
	עִיר דָּוִד	◦ Davidstadt	= Jerusalem (Zion)

1076	ישׁב, PK יֵשֵׁב יֹשֵׁב, f. יֹשֶׁבֶת	sich setzen, sitzen, wohnen, bleiben ni hi ◦ Pt. auch: Einwohner	B: gr. στοιά, στοά „Säule“, *Stoa*; E: ihm wohnt *ja Schaber*nack inne; zu Imp. שֵׁב: nicht *schäb*ig wohnen!
1067	יצא, PK יֵצֵא	hinausgehen hi	E: zur *Jasse* (berl. Gasse) hinausgehen; vgl. חוּץ „draußen“ 164, Ba: צֹאן 274
1060	שׁוּב וַיָּשָׁב וַיָּלֶן הֵשִׁיב דָּבָר	zurückkehren hi=pol ho q mit 2. Verb: wieder ◦ er übernachtete wieder ◦ hi antworten	שְׁאָר יָשׁוּב *Schear-Jaschub* „ein Rest kehrt um“ (Jes 7,3); E: (Psychiatrie:) nach einem *Schub* in ein normales Leben zurückkehren
1037	ידע, PK יֵדַע מִי יֹדֵעַ מַדּוּעַ דַּעַת	(er)kennen, *wiss*en ni hi ◦ vielleicht ◦ warum? Inf. cs. auch: Erkenntnis, Wissen	*Veda* (Die Heiligen Schriften des Wissens der alten Inder) <· מַה + Pt. p. יָדוּעַ E: Erkenntnis- und Wissens*dat*ei
1029	קוּם וְלֹא־קָם נָבִיא עוֹד בְּיִשְׂרָאֵל כְּמֹשֶׁה קוּם, קוּמוּ קָמִים הֵקִים דָּבָר מָקוֹם	aufstehen; hi aufrichten ◦ wie Mose gab es keinen anderen Propheten mehr in Israel (Dt 34,10) ◦ Imp. auch Intj: auf! ◦ Pt. auch: Gegner ◦ hi Wort halten Ort	Ba: gr. κῦμα „Woge, Welle“ ταλιθὰ κοῦμ(ι) „Mädchen, steh auf!“ (Mk 5,41), *Talita Kumi* Name einer Schule bei Bethlehem; Ba: (Gebirgs)*Kam*m Jo*jakim* יְהוֹיָקִים „JHWH richtet auf“; E*ljakim* אֶלְיָקִים „Gott ~“; B: *Heim*; gr. κώμη „Dorf“
995	מוּת מוֹת יוּמָת מֵת מָוֶת, cs. מוֹת אַחֲרֵי מוֹת שָׁאוּל	sterben hi=pilp ho ◦ er muss unbedingt getötet werden ◦ Pt. auch: Toter, tot Tod ◦ nach dem Tod Sauls	Schach *matt* „der König ist tot“ (Grundform: *mawt*>*mōt*); E: *mause*tod

Nr.	Hebräisch	Bedeutung	Anmerkung
966	לקח, PK יִקַּח	nehmen hi	E: li*la Kach*eln nehmen Ba: engl. *catch* „ergreifen, fangen"; vgl. לכד 121; :: נתן 2009
889	עַ֫יִן f.	Auge, Quelle	Buchstabe ע *Ajin*, früher ○ „Auge" geschrieben; *En-Gedi* „Böckchen-Quelle" עֵין גֶּ֫דִי 16; anders: אַ֫יִן 789
	עֵינַ֫יִם	◦ Du. Augen	
	עֲיָנוֹת, עֵינוֹת־	◦ Pl. Quellen	
	בְּעֵינֵי/לְעֵינֵי	◦ vor	
876	שָׁנָה	Jahr	E: *Scha*ltjahr
	בֶּן־שָׁנָה	◦ einjährig	
	רֹאשׁ הַשָּׁנָה	◦ (der) Jahresbeginn	*jidd.* Guten *Rutsch* ins neue Jahr!
864	שֵׁם; שֵׁמוֹת, שְׁמוֹת־	Name	שֵׁם *Sem* „Name, Nachkomme", שְׁמוּאֵל *Samuel* „Nachkomme des El" oder „Schem ist Gott"; שמות (*šᵉmōṯ*) Buchtitel: Exodus; B: vgl. שמע 1159
	טוֹב שֵׁם מִשֶּׁמֶן טוֹב	◦ Besser ist ein guter Name/Ruf als gutes Öl. (Qoh 7,1)	
853	לֵב; לִבּוֹת / לֵבָב	Herz, Verstand	Ba: vgl. lat. vi*vere* „*leb*en", dt. *Liebe*
	בְּלֵב	◦ mitten in, in	
	וַיֹּ֫אמֶר בְּלִבּוֹ	◦ er dachte bei sich	
848	נשׂא	q pi aufheben, tragen, (weg)nehmen ni; ni=hit	Ba: gr. ναῦς „Schiff" (= vom Wasser Erhobenes), ναύτης, lat. nauta „Seemann"
	נשׂא עָוֹן	◦ Sünde vergeben	
	נשׂא פָּנִים	◦ Rücksicht nehmen, parteiisch sein	
	נשׂא קוֹל	◦ die Stimme erheben	(zum Rufen, Weinen, Jubeln)
	נָשִׂיא	Vorsteher, Fürst	E: *na, sieh* mal: ein Fürst
	נְשִׂיאֵי הָעֵדָה	◦ die Obersten der Gemeinde	
	מַשָּׂא I	Traglast, Last	E: Last*mass*e
	מַשָּׂא II	Ausspruch (meist beim Gerichtwort)	מַשָּׂא יְהוָה (Jer 23,33) ruht wie eine Last (I מַשָּׂא auf Seher und Adressaten (Jer 23,33-40)
	מַשָּׂא אֲשֶׁר חָזָה חֲבַקּוּק	◦ der Ausspruch, den Ḥabakuk schaute	

B: Brunner, Ba: Baader, E: Eselsbrücke

Nr.	Hebräisch	Bedeutung	Erläuterung
847	שׁלח	ausstrecken, senden pi entlassen	Teich *Schiloach* הַשִּׁלֹּחַ; E: in die Schlacht senden
	שׁלח יָד	◦ q die Hand ausstrecken	
831	קדשׁ	heilig sein pi hi für heilig erklären, weihen pu hit	jüd. *Kaddisch*-Gebet / Totengebet; *Kiddusch* (Segens-spruch über den Weinbecher am Sabbat oder Feiertag)
	קָדוֹשׁ	heilig	
	קְדוֹשׁ יִשְׂרָאֵל	◦ der Heilige Israels	(= JHWH)
	קָדוֹשׁ׀ קָדוֹשׁ קָדוֹשׁ יְהוָה צְבָאוֹת מְלֹא כָל־הָאָרֶץ כְּבוֹדוֹ׃	Heilig, heilig, heilig ist YHWH Zebaot, das, was die ganze Erde füllt, ist seine Herr lichkeit.	Luther: Heilig, Heilig, Heilig ist der Herr Zebaoth, alle Lande sind seiner Ehre voll (Jes 6,3)
	קֹדֶשׁ	Heiliges, Heiligkeit, Heiligtum	arab. al-*Quds* „das Heiligtum" (= Jerusalem)
	קֹדֶשׁ הַקֳּדָשִׁים	◦ das Allerheiligste	
	מִקְדָּשׁ	Heiligtum	
829	רֹאשׁ; רָאשִׁים	Kopf, Spitze	Buchstabe ר *Resch*, von רֹאשׁ abgeleitet; Ba: lat. *rex* „König", *Regent*, *Rektor*
	נשׂא ראשׁ	◦ die Gesamtzahl erheben	
	ראשׁ הַשָּׁנָה	◦ (der) Jahresbeginn	*jidd.* Guten *Rutsch* ins neue Jahr!
	רִאשׁוֹן	erster	
	בָּרִאשֹׁנָה	◦ früher, vormals	
	רֵאשִׁית	Anfang	:: אַחֲרִית+ 227
	בְּרֵאשִׁית בָּרָא אֱלֹהִים אֵת הַשָּׁמַיִם וְאֵת הָאָרֶץ׃	◦ Am Anfang schuf Gott Himmel und Erde (Gn 1,1)	בראשית Buchtitel: Genesis
809	אכל, cPK וַיֹּאכַל	essen ni hi	jidd. *acheln* „essen"
789	אַיִן, אֵין־	Nichtexistenz, es gibt nicht	E: *nein*, *ne*; :: יֵשׁ 138; vgl. מֵאַיִן 46; anders: עַיִן 889
	אֵין מִסְפָּר	◦ ohne Zahl, unzählig	

B: Brunner, Ba: Baader, E: Eselsbrücke

778	אָדֹם/אָדוֹם, f. אֲדֻמָּה	rot(braun)	Ba: vgl. דָּם 360
	אֲדָמָה	Ackerboden, Erde	(rötlich-braune, eisenhaltige, daher fruchbare) Ackererde
	אָדָם	Menschheit, Mensch; jemand	*Adam* (Mensch mit rötlich-brauner Haut); *Edom* אֱדוֹם, אֱדֹם
	בֶּן־אָדָם	◦ einzelner Mensch, Menschensohn	(häufige Anrede an Ezechiel)
773	אָדוֹן	Herr (JHWH)	*Adon*ija אֲדֹנִיָּה(וּ) „Herr ist JH(WH)“, *Adon*is?; *Adonaj*
	אֲדֹנָי	Herr (Qere für יְהוָה)	wörtlich: „meine Herren“
	בִּי אֲדוֹנִי/אֲדֹנָי	◦ bitte, mit Verlaub	(als Gesprächseröffnung)
768	דרך	q hi treten hi	Ba: *treck*en „(weg)ziehen“
	דרך קֶשֶׁת	◦ den Bogen spannen	(er wurde mit dem Fuß gespannt)
	דֶּרֶךְ	Weg, Unternehmen, Brauch	B: russ. *dor*óga „Weg“, *Drosch*-*ke*; Ba: engl. *track* „Spur, Weg“; *Dir*e*k*tive, *A*d*r*esse;
765	חיה, cPK וַיְחִי	leben (cPK *wayhī*) hi=pi	
	חַי	lebendig	E: ein lebendiger *Hai*;
	חֵי יְהוָה	◦ so wahr JHWH lebt	? חַוָּה *Eva* „Schlange, Leben“
	חֵי(־)נַפְשְׁךָ	◦ bei deinem Leben	
	חַיָּה	Lebewesen, (wildes) Tier	
	וְהַנָּחָשׁ הָיָה עָרוּם מִכֹּל חַיַּת הַשָּׂדֶה	◦ die Schlange aber war listiger als alle Tiere des Feldes	(Gn 3,1)
	חַיִּים	Leben	*Chajim*/*Chaim* (männlicher Vorname); isr. beim Zutrinken: לְחַיִּים „zum Leben!
	עֵץ הַחַיִּים	◦ der Baum des Lebens	Erwiderung: לְחַיִּים טוֹבִים „zum guten Leben!“

B: Brunner, Ba: Baader, E: Eselsbrücke

761	רעע	schlecht/böse sein hi schlecht handeln	Ba: frz. *rager* „böse werden"; :: +טוֹב/יטב 698
	וַיֵּרַע בְּעֵינֵי יְהוָה	◦ es missfiel JHWH	< es war schlecht in JHWHs Augen
	מֵרַע; מְרֵעִים	hi Pt. auch: Übeltäter	
	רַע / רָע;	schlecht, böse	Ba: *Rage*; :: +טוֹב 698; anders: רֵעַ *187*
	רָעָה f.	f. auch: Böses, Unheil	
754	f. נֶפֶשׁ	Seele, Kehle, Leben, Lebewesen, Mensch; irgendeiner	E: ei*ne fesch*e Seele
	כָּל־נֶפֶשׁ	◦ alle (Leute), jeder	
	הַמְבַקְשִׁים אֶת־נַפְשֶׁךָ	◦ die dir nach dem Leben trachten	lies: *hamb̲aqšīm*
750	כֹּהֵן	Pt. Priester	*Cohn*, *Cohen*, *Kahan*e (jüd. Familiennamen)
	הַכֹּהֵן הַגָּדוֹל	◦ der Hohepriester	
	הַכֹּהֵן הַמָּשִׁיחַ		
743	אָח, אֲחִי־;	Bruder (auch im weitesten Sinn)	*Ahi*melech אֲחִימֶלֶךְ „Der (Gott) König ist Stammesbruder";
	אַחִים, אֲחֵי־		
	אִישׁ אֶל־אָחִיו	◦ einer zum anderen, untereinander	E: „*ach*, Bruder!" (l. 2S 1,26); jidd./berl. mein(e) *Atze* „Bruder, Freund(in), Schwester"; *'aḫat*> *'aḫāt*> *'āḫōt̲*
	אָחוֹת	Schwester (auch im weitesten Sinn)	
	אִשָּׁה אֶל־אֲחוֹתָהּ	◦ eine zur anderen, untereinander	
730	I קרא	rufen ni pu	ויקרא (וַיִּקְרָא) „er rief": Buchtitel: Leviticus; *Qere*; arab. *Kr*an; Ba: קוֹל (Wechsel ר/ל) *505*, gr. καλέω „rufen", κῆρυξ *Her*old; dt. *krähen* (lautmalerisch)
	קרא שֵׁם	◦ jemanden (be)nennen	
	וַיִּקְרָא אֱלֹהִים | לָאוֹר יוֹם	◦ Gott nannte das Licht Tag (Gn 1,.5)	
729	f. עֵת	Zeit	äg. *'t* „Zeit"; E: Esszeit
	בְּעִתּוֹ	◦ zu seiner Zeit, zur rechten Zeit	
	עַתָּה	jetzt	
	וְעַתָּה	◦ jetzt aber, und nun	Markierung eines neuen Gedankens

698	טוֹב/יטב וַיִּיטַב בְּעֵינַי טוֹב, f. טוֹבָה הֵיטֵב	gut sein hi ◦ es gefiel mir Pt. = Adj. gut, f. auch: Gutes ◦ hi Inf. abs. = Adv. mit Recht, gut	*Tob*ias טֽוֹבִיָּה „JWHW ist gut"; :: $^{+}$רעע 761; (<es war gut in meinen Augen; עַ֫יִן 889) jidd. *duft*e „gut, schön"; :: $^{+}$רַע 761; טוֹב שֵׁם מִשֶּׁמֶן טֽוֹב besser ein guter Ruf als bestes Öl (Qoh 7,1)
697	זבח זֶ֫בַח מִזְבֵּ֫חַ מִזְבַּח הַבַּ֫עַל	schlachten; opfern = pi Schlachtopfer, Gemeinschaftsopfer Altar ◦ der Baalaltar	E: die Priester Baal*s a*m *Bach* schlachten (1R 18,40); vgl. שׁחט 79
675	צִוָּה, cPK וַיְצַו מִצְוָה חֻקֹּתָיו וּמִשְׁפָּטָיו וּמִצְוֹתָיו	pi befehlen pu Befehl ◦ seine Satzungen, Rechtsetzungen und Gebote	Ba: *zw*ingen; vgl. צָבָא 486 jüd. Bar *Mizwa* („Sohn des Gebots"): Feier der Religionsmündigkeit mit 13, bei Mädchen (Bat *Mizwa*) mit 12 Jahren
661	רבב רַב רַב עַתָּה רַבַּת רְבָבָה/ רִבּוֹ(א) רֹב	viel/zahlreich sein hi=pi viel, zahlreich, Oberster ◦ jetzt ist's genug! Adv. in reichem Maße große Menge, zehntausend Fülle, Menge	Je*rub*baal יְרֻבַּ֫עַל „Baal ist groß" jüd. רַבִּי, ῥάββι „mein Herr", Rab-bi (Ehrentitel für Schriftgelehrte), Rab-Schake → הִשְׁקָה 80, רַבָּה „Hauptstadt", Rabba/Rabbat der Ammoniter רַבַּת בְּנֵי עַמּוֹן; §2.1, vgl. רבה 225 E: g*rob*e Menge
643	גדל גָּדוֹל/גָּדֹל מִקָּטֹן וְעַד גָּדוֹל	*groß* sein hi=pi hit groß ◦ vom Kleinsten bis zum Größten	B: *groß*; *Gedal*ja גְּדַלְיָ֫הוּ(ו) „JHWH ist groß" (Jer 40f.); E: große *G*on*d*e*l*; :: קָטָן/קָטֹן, קָטֹן 105

638	עבר	durchziehen, *über*schreiten, vorübergehen hi	
	הֶעֱבִיר בָּאֵשׁ	◦ durchs Feuer gehen lassen, verbrennen	
	הֶעֱבִיר עָוֺן	◦ Sünde vergeben	
	עֵ֫בֶר, בְּ/מֵעֵבֶר	gegenüberliegende Seite, jenseits	B: gr. *ὑπέρ „über*, jenseits“
633	עמד	hintreten, stehen hi stellen	E: vor *Amad*eus hintreten; *am Ad*lerhorst stehen
	עַמּוּד	Säule	Ba: *Mast*
	עַמּוּד אֵשׁ	◦ Feuersäule	
	עַמּוּד עָנָן	◦ Wolkensäule	(Ex 20,16; vgl. Dt 5,20)
624	שפט	richten, zum Recht verhelfen ni pass., rechten	Jo*schafat* יְהוֹשָׁפָט „JHWH schafft Recht“; Ba: *Schafo*tt; שפטים Buchtitel: Judices „Richter“; Ba: lat. *caput*, dt. *Haupt*, *Chef*; vgl. שֵׁ֫בֶט *190*
	שֹׁפֵט; שֹׁפְטִים	◦ Pt. auch: Richter	
	מִשְׁפָּט	Rechtsanspruch, Gericht, Urteil, Rechtsspruch	
	חֻקָּיו וּמִשְׁפָּטָיו וּמִצְוֺתָיו	◦ seine Satzungen, Rechtsetzungen und Gebote	
620	ילד, cPK f. וַתֵּ֫לֶד	gebären; zeugen = hi ni ho	B: heraus*las*sen
	מְיַלֶּ֫דֶת	◦ pi Pt. Hebamme	
	יֶ֫לֶד	Knabe, Kind	„Geborenes“
	תֹּלְדוֹת־	Nachkommen, Entstehungsgeschichte	
586	שִׂים/שׂוּם	setzen, stellen, legen	Ba: gr. κεῖμαι (da)liegen; E: *Sim*son soll setzen, stellen, legen
582	מַ֫יִם, מֵי/מֵימֵי־	Wasser	Buchstabe מ *Mem*, von מַ֫יִם abgeleitet; äg. *mw* „Wasser“; E: Fluß *Mem*el
568	שׁמר	(be)hüten, bewahren ni=hit	rotw. „*Schmiere* stehen“; Ba: (be)*schirm*en
	שֹׁמֵר	◦ Pt. auch: Wächter	
	מִשְׁמָר	Wache, Gewahrsam	
	מִשְׁמֶ֫רֶת	Wache, Gewahrsam, Verpflichtung, Dienst	

B: Brunner, Ba: Baader, E: Eselsbrücke

Nr.	Hebräisch	Bedeutung	Anmerkung
561	גּוֹי	Volk, Pl. auch: Heiden	jüd. *Goj/Goi* „Nichtjude“
558	הַר, הָהָר	Berg, Gebirge	B: gr. ὄρος, Ba: russ. *gorá*, polnisch *góra*, tschechisch *hóra*,
	הַר סִינַי	◦ der Berg Sinaï	E: Harz
547	נכה: הִכָּה, cPK וַיַּךְ	hi (er)schlagen ho	B: lat. *nec*āre „töten“, Ba: dt. *Hacke*, E: aus*knock*en, *knock* out;
	מַכָּה	(Pt. f.) Schlag, Wunde, Plage, Niederlage	jidd. *Macke* „Tick, Gehirnschaden“
531	חטא	(sich) verfehlen, sündigen hi, pi entsündigen hit	E: *hat er sich verfehlt?*
	לְךָ לְבַדְּךָ חָטָאתִי	◦ an dir allein habe ich gesündigt (Ps 51,7)	
	חַטָּאת	Sünde	
523	צדק	gemeinschaftstreu / im Recht sein pi hi für im Recht befindlich erklären	Ba: lat. *dic*ere (Recht)sprechen, sagen; E*dik*t צָדוֹק „Gerechter“, *Zadok*; *Sadduz*äer; Ba: gr. *δίκαιος* „gerecht“
	צַדִּיק	im Recht befindlich, gerecht	
	צֶדֶק	Recht, Gerechtigkeit	Melchi*sedek* מַלְכִּי־צֶדֶק (Gn 14, 18) „Der (Gott)König ist Gerechtigkeit“; צִדְקִיָּה(וּ) „JHWH ist Gerechtigkeit“
	צְדָקָה	richtiges Verhalten, Gerechtigkeit	
	צִדְקוֹת יְהוָה	◦ JHWHs Heilstaten	
505	קוֹל	Stimme, Laut; auch Intj. horch!	Ba: ⁺קָהָל 169, I קרא 730 (Wechsel ר/ל), engl. *call* „rufen, Ruf“; jidd. ver*koh*l*en* „anschwindeln, zum besten halten“
	בְּקוֹל גָּדוֹל	◦ mit lauter Stimme, laut	
	הַקֹּל קוֹל יַעֲקֹב	◦ die Stimme ist die Stimme Jakobs	
500	פֶּה, פִּי־	Mund, Öffnung	Buchstabe פ *Pe*, von פֶּה, פִּי־ abgeleitet; Ba: gr. *πίνω* „trinken“;
	כְּ/לְפִי, עַל־פִּי	◦ gemäß, entsprechend	
	לְפִי חֶרֶב	◦ mit der Schärfe des Schwertes	E: halt die Klap*pe*; halt deinen Mund!; Mundklap*pe*

498	סבב	q ni pol sich wenden, umgeben hi wenden, bringen	E: sich an die eigene *Sipp*e wenden
	סָבִיב;	Umkreis, ringsum	
	סְבִיבֵי־/סְבִיבוֹת־		
489	לחם, נִלְחַם (בְּ)	ni q kämpfen (gegen)	E: um לֶ֫חֶם (299) kämpfen
	מִלְחָמָה; מִלְחַמְתִּי	Kampf, Krieg	E: Kampf um die *Milch* der M*a-ma*
	אִישׁ מִלְחָמָה	◦ Krieger	
486	צָבָא	Heer	Ba: vgl. +צִוָּה 675
	יְהוָה צְבָאוֹת	◦ *JHWH Zebaoth*	Luther: Herr der Heerscharen
480	ספר	zählen ni; pi auf/erzählen ho	Ba: engl. *spe*ll „buchstabieren, schreiben"
	סֹפֵר	◦ Pt. auch: Schreiber	
	סֵ֫פֶר	Schrift(stück): Brief, Buchrolle	Ba: *Ziffer*
	סֵ֫פֶר דִּבְרֵי הַיָּמִים	◦ Tagebuch, Annalen	דברי הימים Buchtitel: Chronica
	מִסְפָּר	Zahl	
	אֵין מִסְפָּר	◦ ohne Zahl, unzählig	
468	שׁלם	unversehrt/fertig sein, Frieden halten hi pi vergelten pu	
	שִׁלֵּם נֶ֫דֶר	◦ pi Gelübde erfüllen	
	שָׁלֵם	Pt. = Adj. unversehrt, vollständig, friedlich	*Salem* (= Jesu*salem*); B: lat. *sal*vus „heil, gesund"
	שָׁלוֹם	Vergeltung, Genugtuung, Vereinbarung, Friede	*Schalom*; *Salomo* שְׁלֹמֹה, Abschalom אֲבִישָׁלֹם, אַבְשָׁל(וֹ)ם „(Gott)Vater ist Frieden"; arab. *salām* „Friede", I*slam* „Unterwerfung"
	וַיִּשְׁאַל לָהֶם לְשָׁלוֹם	◦ er fragte sie nach dem Ergehen	
	שֶׁ֫לֶם; שְׁלָמִים	Abschlussopfer	
466	נטה, hi הִטָּה	q hi ausstrecken, neigen, abbiegen	cPK q וַיֵּט, hi וַיַּט; E: zur *Natt*er seine Hand ausstrecken;
	הִטָּה מִשְׁפָּט	◦ Recht beugen	
	מַטֶּה	Stab, Stamm	E: Stammbaum Jesu nach *Mat-thä*us (Mt 1)
	מַטֵּה בִנְיָמִין	◦ der Stamm Benjamin	

B: Brunner, Ba: Baader, E: Eselsbrücke

455	מצא	finden ni hi	E: das richtige Maß finden
448	קרב	sich nähern, nahe sein hi=pi; hi auch: Opfer (dar)bringen	E: dem *Grab* nahe sein; :: רחק, רָחוֹק 143; Ba: vgl. קֶרֶב 227
	קָרֵב	Pt. herannahend	
	קָרוֹב	nah, Verwandter	
	קָרְבָּן (*å*)	Darbringung, Gabe	(Mk 7,11)
439	עוֹלָם	fernste Zeit (Urzeit, fernste Zukunft)	Ba: *Olym*p (Wohnsitz der Götter: verborgener Bereich);
	מֵעוֹלָם; לְעוֹלָם	◦ seit jeher; für immer	E: seit *Olim*s Zeiten, lat. *olim* „einst, von jeher";
	מֵעוֹלָם וְעַד עוֹלָם	◦ von Ewigkeit (her und) bis (in) Ewigkeit	
434	נפל	*fal*len	B: *fallen*
430	נִבָּא	ni hit verkündigen, weissagen, in Ekstase geraten	
	נָבִיא; נְבִיאִים	Prophet	נביאים Teil II der hebr. Bibel:
	הֲגַם שָׁאוּל בַּנְּבִיאִים	◦ ist auch Saul unter den Propheten? (1S 10,12)	נְבִיאִים רִאשׁוֹנִים (Jos – 2R), נְבִיאִים אֲחֵרִים (Jes – Mal);
	בְּנֵי הַנְּבִיאִים	◦ die Prophetenschüler (2R 4,38)	E: *Nav*i und Prophet weisen den Weg
424	יָרֵא	(sich) fürchten ni, Ehrfurcht haben	Ba: lat. *ver*eri „(sich) fürchten, Achtung haben"; E: die (Alters)*jahre* fürchten; [+]יִרְאָה 424
	אַל־תִּירָא	◦ fürchte dich nicht!	
	יָרֵא	Pt. = Adj. sich fürchtend, in (Ehr)furcht vor	
	יְרֵי אֱלֹהִים	◦ Gottesfürchtige	
	נוֹרָא	◦ ni Pt. gefürchtet, furchtbar	
	יִרְאָה	(Ehr)furcht	
	יִרְאַת יְהוָה	◦ *JHWH*-Furcht	
421	שַׂר	Beamter, Vorsteher	äg. *sr* „(hoher) Beamter"; Ba: *Zar*, *Si*re (engl. Adelstitel)
	שַׂר הַצָּבָא	◦ (der) Feldhauptmann	

420	שָׁמַ֫יִם בְּרֵאשִׁית בָּרָא אֱלֹהִים אֵת הַשָּׁמַ֫יִם וְאֵת הָאָ֫רֶץ׃	Himmel ◦ Am Anfang schuf Gott Himmel und Erde (Gn 1,1)	*Baal Schamim* „Herr des Himmels(tempels)“, z. B. in Palmyra (Syrien), 2015 n. Chr. zerstört
418	תָּ֫וֶךְ, תּוֹךְ־ בְּתוֹךְ	Mitte ◦ mitten in, in	E: mittlere *Toch*ter
414	נגד: הִגִּיד נָגִיד	hi mitteilen ho Anführer	*Haggada* (jüd.: erzählende Schriftdeutung); ? נֶ֫גֶד §2.3a Ba: gr. ἄγω „führen“, *Agend*a
413	חֶ֫רֶב חַלְלֵי־חֶ֫רֶב	Schwert, Dolch ◦ vom Schwert Erschlagene	Ba: *scharf*, engl. *carv*e „schnitzen, ritzen“; *grav*ieren
403	כֶּ֫סֶף כֶּ֫סֶף וְזָהָב	Silber, Geld ◦ Silber und Gold	E: engl. *ca*s*h* „Bargeld“; dt. *kos*-ten (Silber war wertvoller als Gold)
398	בֵּרַךְ, cPK וַיְבָ֫רֶךְ בָּרוּךְ בָּרוּךְ אַתָּה לַיהוָה בְּרָכָה, בִּרְכַּת־	pi segnen, preisen pu; ni hit sich Segen wünschen, sich glücklich preisen ◦ Pt. pass. gesegnet, gepriesen gesegnet seist du von JHWH Segen	siehe auch zu +ארר 63 *Baruch* (Schreiber Jeremias, Jr 36; 45); :: +אָרוּר 63 *Hals*- und Bein*bruch*! (< jidd. *hazloche* un *broche* וּבְרָכָה הַצְלָחָה)
395	יָם; יַמִּים יָ֫מָּה	Meer, Westen ◦ zum Meer hin, westlich	E: Mir*jam* sang: … warf ins Meer (Ex 15,21) s. auch zu +יָמִין 144
389	זָהָב כֶּ֫סֶף וְזָהָב	Gold ◦ Silber und Gold	E: Li*sa, hab* Gold im Beutel! (Silber war wertvoller als Gold)
380	ירד, PK יֵרֵד	hinabgehen hi	*Jord*an הַיַּרְדֵּן „der Herabfallende“?; E: *red*end hinabgehen (2R 2,1ff.)

B: Brunner, Ba: Baader, E: Eselsbrücke

	מְלָאכָה, מְלֶכֶת־	Aufgabe, Arbeit	jidd. *maloch*en „schwer arbeiten", viel *Maloche* und wenig *Broche* („Segen" בְּרָכָה)
	מַה־מְּלַאכְתְּךָ	∘ was ist dein Beruf?	
	מַלְאָךְ	Bote	מלאכי מַלְאָכִי „mein Bote", Buchtitel: Maleachi; anders: +מֶלֶךְ 3149
	מַלְאַךְ יְהוָה	∘ der *Malak JHWH*	
378	f. אֵשׁ	Feuer	E: Feuer*es*se
	הֲלוֹא ... דְבָרִי כָּאֵשׁ	∘ Ist nicht … mein Wort wie Feuer? (Jer 23,29)	
	רוּחַ f.; רוחות	Wind, Atem, Geist	ar. *rīḥ* „Wind" *Rih* = Pferd des Kara Ben Nemsi bei Karl May; B: *Rauch*, E: *Hauch*
	רוּחַ גְּדוֹלָה	∘ ein starker Wind	
376	נְאֻם	Ausspruch	E: lat. *nom*en „Name, Wort"
	נְאֻם־יְהוָה	∘ (das ist der) Ausspruch JHWHs	
374	שַׁעַר	(Stadt-)Tor (als Versammlungsplatz, Ru 4)	aram. תְּרַע „Tor"; Ba: gr. τηρέω „hüten"
372	עֵדָה	Versammlung	E: *ed*le Versammlung
	עֲדַת יִשְׂרָאֵל	∘ die Kultgemeinde Israel	*Adass Jisroël* (eine der heutigen jüdischen Gemeinden)
	נְשִׂיאֵי הָעֵדָה	∘ die Obersten der Gemeinde	
	מוֹעֵד	verabredeter Treffpunkt/ Zeitpunkt, Versammlung, Festzeit	E: *Mod*etreffpunkt
	אֹהֶל מוֹעֵד	Begegnungszelt, Stiftshütte	
360	דָּם	Blut	Ba: „Rotes", siehe +אָדָם 778; B: „Fließendes", *Don*, *Don*au „Fluss"
	דָּמִים	∘ Pl. Bluttat, Blutschuld	
	גֹּאֵל הַדָּם	∘ Bluträcher	
359	חנה	sich lagern	mit *Han*nib*a*l sich lagern
	מַחֲנֶה	Lager, Heer	*Mahanajim* מַחֲנַיִם „Doppellager"

Nr.	Hebräisch	Bedeutung	Merkhilfe
354	כבד	schwer sein hi; pi ehren ni geehrt werden, sich verherrlichen	Ba/E: schwergewichtig (sein); lat. *gravidus* „*gravid*, schwanger, voll beladen“, *gravis* „schwer“; *gravie*-rend „schwerwiegend“
	כָּבֵד, כְּבַד/כְּבֶד־	Pt. = Adj. schwer	
	כָּבוֹד	*Gewicht*, Besitz, Ehre, Herrlichkeit	Ba: *Gewicht*; *Gravitation* „Schwerkraft“
	כְּבוֹד יְהוָה	◦ die H. JHWHs	
351	מלא	voll sein, anfüllen ni pi aus/erfüllen	E: *mol*lig sein
	מִלֵּא יַד־/מִלֵּא יַד־	◦ jmd. in ein Amt einsetzen, jmd. weihen	
	מָלֵא	Pt. = Adj. voll	B: lat. *mul*tus, E: *mol*lig
	מְלֹא	das, was füllt; Fülle, Menge	
	תֵּבֵל וּמְלֹאָהּ	◦ der Erdkreis und was ihn füllt	תֵּבֵל 36
346	חזק	fest/stark sein; pi caus. hi ergreifen, festhalten hit sich als stark erweisen	*Ezech*iel יְחֶזְקֵאל (<יֶחֱזַק אֵל) „JHWH ist stark“
	חָזָק	stark	
	בְּיָד חֲזָקָה	◦ mit starker Hand	
345	אֹהֶל	Zelt	B: gr. *αὐλή* „Hof, Wohnung“, dt. *Aula* „Versammlungsraum einer Schule oder Hochschule“; :: +בַּיִת „Haus“ 2419
	אֹהֶל מוֹעֵד	◦ Begegnungszelt, Stiftshütte	
336	חָדָשׁ	neu	E: mach das von neuem!;
	חֹדֶשׁ	Neumond, Monat	:: +זָקֵן „alt“ 205
333	שָׂדֶה/שָׂדַי	Flur, Feld	E: Flurschaden, *Saat*feld, Es ruft übers Feld / sein Hus*sa!* *de*r Held (nach Ernst Moritz Arndt)
	וְהַנָּחָשׁ הָיָה עָרוּם מִכֹּל חַיַּת הַשָּׂדֶה	◦ die Schlange aber war listiger als alle Tiere des Feldes (Gn 3,1)	
330	עֵץ; עֵצִי	Bäume, Bau, Holz	Ba: dt. *Ast*, *Mast*; E: Setzholz, Grenzschlagbaum
	עֵצִים, עֲצֵי־	◦ Pl. auch: Holzstücke	
	עֵץ הַחַיִּים	◦ der Baum des Lebens	

B: Brunner, Ba: Baader, E: Eselsbrücke

325	כְּלִי	Gefäß, Gerät	Ba: *Kel*ch
	כְּלֵי הָעֲבֹדָה	◦ die gottesdienstlichen Geräte	
	נֹשֵׂא כֵלִים	◦ Waffenträger	
317	ישׁע: הוֹשִׁיעַ	hi helfen ni	Jo*sua* יְהוֹשֻׁעַ, *Jesu*s יֵשׁוּעַ
	הוֹשִׁיעָה נָּא	◦ Adh. hilf doch! *Hosianna*	„JHWH ist Heil", *Hosea* הוֹשֵׁעַ
	מוֹשִׁיעַ	◦ Pt. auch: Helfer	„(Gott) hat geholfen"; *Hosianna* (Bitt-, Begrüßungs- >Freudenruf)
	יְשׁוּעָה/תְּשׁוּעָה	Hilfe, Heil	
316	ענה I, cPK וַיַּעַן	antworten, erwidern ni	E: *an*tworten
	וַיַּעַן וַיֹּאמֶר	◦ er hob an und sprach	
	לֹא־תַעֲנֶה בְרֵעֲהוּ עֵד שָׁקֶר׃	◦ du darfst gegen deinen Nächsten nicht als Lügenzeuge aussagen	(Ex 20,16; vgl. Dt 5,20)
	פקד	(heim)suchen, ahnden, vermissen; mustern ni; hi zum Aufseher bestellen ho	Ba: gr. *βακ*τηρία „*Stock, Stab*", lat. *bac*illum „(kleiner) *Stock*, *Stab*", *B*azillus; E: ein *Paket* vermissen
	פָּקִיד	Beauftragter, Aufseher	
314	חכם	weise sein hi=pi hit	rotw.: *k*ess „schlau, dreist" = ח
	חָכָם	geschickt, weise, lebenserfahren	*Chet* (< חָ'כָם); ? rotw./berl. ausge*koch*t „gerissen"?
	חָכְמָה (å)	Geschicklichkeit, Erfahrung, Weisheit	E: *horch mal* auf Weisheit, vgl. קשׁב 46
303	נֶאֱמַן, הֶאֱמִין	ni fest/zuverlässig sein hi vertrauen, glauben	
	אָמֵן	gewiss, ja	*Amen*
	אֱמוּנָה	Gewissenhaftigkeit, Treue	
	אֱמֶת f., אֲמִתּוֹ	Zuverlässigkeit, Treue, Beständigkeit, Wahrheit	
	בֶּאֱמֶת	◦ beständig, tatsächlich	

	לִין/לוּן וַיֵּשֶׁב וַיָּלֶן לַיְלָה/לַיִל	übernachten ◦ er übernachtete wieder Nacht	B: lat. *la*tēre „verborgen sein“ *Leila*/*Laila* (weibl. Vorname); :: יוֹם 2301
	מִשְׁפָּחָה מִמִּשְׁפַּחַת יְהוּדָה	Großfamilie, Sippe ◦ aus dem Geschlecht Judas	jidd. *Mischpoke*, B: *Sippe*; ? שִׁפְחָה 63 „Sklavin, Magd“ (Hiweis darauf, dass sich der einzelne in der Großfamilie unterordnet?)
	נַעַר נַעֲרָה	junger Mann, Kind, Gefolgsmann, Knecht Mädchen, Magd, junge Frau	B: gr. ἀνήρ „Mann“; E: kindlicher *Narr*; vgl. אָמָה „Magd, Sklavin“ 56
300	מְאֹד	Kraft, Vermögen; sehr	B: *me*hr; vgl. מֵאָה §2.1
299	לֶחֶם	Brot, Speise	*Betlehem* בֵּית לֶחֶם „Brothausen“
	סוּר סוּר מֵרַע	(ab)weichen hi entfernen ho ◦ sich vom Bösen fernhalten	E: *zur* Seite weichen
	פתח פֶּתַח	öffnen ni pi öffnen, lösen Öffnung, Eingang, Tür, Tor	B/Ba: lat. *pat*ēre „offen stehen“; *Jiftach* יִפְתַּח „(Gott) öffnete (den Muttermund)“ (Jdc 11) *Patach* (der offene, helle Vokal *a*), B: *Pf*or*t*e?; arab. *Fátaḥ* „(Er)öffnung, Befreiung, Sieg“; *Fatih*a (Eröffnung = Sure 1)
297	רשׁע רָשָׁע; רְשָׁעִים	schuldig/frefelhaft sein schuldig, Frevler, Gottloser	E: sich *rascher* schuldig fühlen; Ba: vgl. $^{+}$רַע 761; :: ישׁר, יָשָׁר 144, $^{+}$צַדִּיק 523;
288	כרת כרת בְּרִית	abschneiden hi ausrotten ni ◦ Verpflichtung festsetzen, Bund schließen	Ba: gr. κείρω „*scher*en“, dt. *kür*zen, engl. *cut* „(ab)schneiden“ :: הֵפֵר (בְּרִית) 46
287	בְּרִית כרת בְּרִית	Verpflichtung, Bund ◦ Verpflichtung festset-. zen, Bund schließen	E: *br*e*it*es Bündnis *ber*e*it*willige Verpflichtung :: הֵפֵר (בְּרִית) 46

B: Brunner, Ba: Baader, E: Eselsbrücke

286	גֶּ֫בֶר	(junger) Mann	*Gabr*iel גַּבְרִיאֵל „Gott ist stark“;
	גִּבּוֹר	kraftvoll, Held	Ba: gr. κεφαλή „Haupt, *Kopf*“
	גִּבּוֹר חַ֫יִל	∘ tapfer; Grundbesitzer	B: *Giebel*, vgl. +גְּבוּל 250; arab.
	גְּבוּרָה	Kraft	*al-lāhu ákbar* „Gott ist groß“
	גְּבֻרוֹת יְהוָה	∘ YHWHs gewaltige Tatern	
	טמא	unrein sein pi verunreinigen, für unrein erklären ni=hit	:: טָהוֹר, טָהֵר 189
	טָמֵא	∘ Pt. = Adj. unrein	
	טֻמְאָה/(טָמְאָה)	Unreinheit	E: unreiner *T*ümpel
285	זרע , PK יִזְרַע	säen ni pu hi Samen bilden	Ebene *Jęsre*ël עֵמֶק יִזְרְעֶאל „Gott sät“;
	זֶ֫רַע	Same, Saat, Nachkommenschaft	Ba: vgl. זְרֹ֫עַ 91 „mit dem Arm aussäen“; E: die*se* *Ra*sen*samen*
282	אֹיֵב, אוֹיֵב	Pt. Feind	Ba: gr. ἀπό, lat. *ab*, dt. *ab* „weg von“; E: *Oje! B*in ich dein Feind?
	הִצִּיל מִיַּד אֹיֵב	∘ aus der Gewalt des Feindes	
281	נחל	als Besitz erhalten, in Besitz nehmen, erben hi (Nu 26,55f.)	E: *nach al*l dem Streit endlich erben; Ba: gr. κληρόω „losen, durch Los zuteilen
	נַחֲלָה	Besitz(anteil), Erbe	Ba: gr. κλῆρος „Los, Erbe, Losanteil“; vgl. +חלק 122;
	חֵ֫לֶק וְנַחֲלָה	∘ Anteil und Erbbesitz	E: aus dem *Nachla*ss erben
277	II אַף	Nase, Zorn	B: <*anf; gr. ἄνεμος „Wind“, lat. *anim*us „Seele“ (vgl. Gn 2,7);
	חֲרוֹן אַפּוֹ	∘ die Glut seines Zorns	E: Nasen*affe*, Zorn*aff*ekt
	אַפַּ֫יִם	∘ Du. Nasenflügel, Gesicht, Zorn	
	חֶ֫סֶד	Güte, Gnade	E: *Hasst* du Güte? (Mt 20,15)
	חַסְדֵי יְהוָה	∘ die Gnadenerweise JHWHs	
	חָסִיד	treu, fromm	*Chassidim*
274	פַּרְעֹה	*Pharao*	(ägyptische Königsbezeichnung: *pa’ ‘á’a* „großes Haus“)

	צֹאן צֹאן וּבָקָר	Kleinvieh (Schafe und Ziegen) ◦ Schafe und Rinder	E: des *Sohn*s Kleinvieh; Ba: יצא 1067; :: שֶׂה „einzelnes Schaf/Ziege“ 47
271	ירה II: הוֹרָה מוֹרֶה תּוֹרָה	hi unterweisen, lehren ◦ Pt. auch: Lehrer Weisung, Gesetz,	E: in der T*ora* unterweisen; *Tora* תורה =Teil I der hebräischen Bibel: Genesis bis Deuteronomium
270	בָּשָׂר כָּל־בָּשָׂר	Fleisch, Körper ◦ alles Fleisch: Menschen und/oder Tiere	Ba: gr. *σάρξ* „Fleisch“; E: Fleisch vom *Basar*
	מִדְבָּר, מִדְבַּר־	Steppe, Wüste	במדבר (בְּמִדְבַּר) „In der Wüste“ Buchtitel: Numeri; E: un*mit*tel*bar* in der Wüste
269	f. אֶבֶן	Stein	*Eben-Eser* אֶבֶן עֵזֶר „(Gedenk) Stein der (erfahrenen) Hilfe“; E: Stein*eben*e
	שׂמח שָׂמֵחַ שִׂמְחָה	sich freuen hi; pi erfreuen fröhlich Freude	E: Pas*sa mach*en und sich freuen; *Simcha* (m./w. isr. Vorname); jüd. *Simchat Tora* שִׂמְחַת תּוֹרָה „Torafreudenfest“
268	שָׁכֵן/שׁכן מִשְׁכָּן הַמִּשְׁכָּן	sich niederlassen, wohnen hi=pi Wohnung ◦ das Zentralheiligtum	*Schechena* „Einwohnung YHWHs (bei seinem Volk)“; Ba: gr. *σκηνή* „Zelt, Hütte, Behausung“; vgl. שׁכב 212
265	רוּם רָם תְּרוּמָה	hoch sein, sich erheben hi=pol Pt. hoch Abgabe	Ba: *Ruhm;* אַבְרָם/אַבְרָהָם Ab*ram* /Abraham „(Gott)Vater ist erhaben“; Jo*ram* יְהוֹרָם/יוֹ'/יֹרָם „JHWH ist erhaben“; *Rama* (הָ)רָמָה „Anhöhe“ (Geburts- und Heimatstadt Samuels)
263	שׁתה וַיֹּאכַל וַיֵּשְׁתְּ מִשְׁתֶּה	trinken ◦ er aß und trank Trank, Gastmahl, Fest	B: lat. *sat*is „*sat*t“; E: sich *sat*t trinken; vgl. [+]הִשְׁקָה 80

251	בִּין	q hi hitpol unterscheiden, wahrnehmen, verstehen hi auch: belehren	*Jabin* יָבִין „(Gott) hat bemerkt" (Jdc 4f.); „Verstehen" als Kunst des Unterscheidens zwischen (בֵּין §2.3a) Verschiedenem
	נָבוֹן	◦ ni Pt. einsichtig, klug	
	בִּינָה	Einsicht, Verstehen	
	תְּבוּנָה	Einsicht, Geschicklichkeit	
250	גְּבוּל/גְּבֻלָה	Grenze, Gebiet	B: *Giebel*; vgl. +גִּבּוֹר 286
248	אהב/אָהֵב	lieben	ἀγαπάω „lieben"
	אהב אֵת יְהוָה	◦ JHWH lieben	
	אֹהֵב	◦ Pt. auch: Freund	arab. *ḥabībī* „meine Geliebte, mein Geliebter" (in vielen Schlagertexten)
	מְאָהֵב	◦ pi Pt. Liebhaber, Freund	
	אַהֲבָה	Liebe	Ba: gr. ἀγάπη *Agape*
	אַמָּה	Elle	(Längenmaß: ca. 45, früher ca. 53 cm); E: Ar*m* und Elle
247	רֶגֶל f.; רַגְלַיִם	Fuß, Bein	B: engl. *leg* (Wechsel ר/ל);
	בְּרֶגֶל /לְרֶגֶל	◦ hinter jemandem her	E: *Regel* für Fußgänger, Fuß-*regel* (beim Basketball); vgl.
	שָׁלֹשׁ רְגָלִים	◦ dreimal	פַּעַם 118; :: יָד „Hand" 1618
246	זכר	sich erinnern, gedenken ni hi erwähnen, preisen	B: *denken*; Ba: *Doktor*; *Sacharja* זְכַרְיָה(וּ) „JHWH gedenkt
	זִכָּרוֹן	Gedenken, Denkzeichen	
245	חַיִל/(חֵיל)	Kraft, Vermögen, Heer	Ba: *Heer* (Wechsel ר/ל)
	אִישׁ חַיִל	◦ tüchtig	
	גִּבּוֹר חַיִל	◦ tapfer, Grundbesitzer; Krieger	
244	גלה	entblößen, fortgehen ni pu hit hi ins Exil fortführen ho	E: *kahl* machen;
	גּוֹלָה/גָּלוּת	Exulantenschar, Exil	*Gola* (Pt. f.)
231	חֹק /חֻקָּה	festgesetzte Ordnung, Vorschrift	Ba: *Hag* „Hecke, Zaun"; E: *Haag*er Landkriegs*ordnung; hock* dich *vorschrift*smäßig hin!
	חֻקֹּתָיו וּמִשְׁפָּטָיו וּמִצְוֹתָיו	◦ seine Satzungen, Recht-setzungen und Gebote	

B: Brunner, Ba: Baader, E: Eselsbrücke

	ירשׁ	q hi in Besitz nehmen	B: lat. *res* „Sache, Besitz"; E: *ja, rasch* in Besitz nehmen!
	יֹרֵשׁ	◦ Pt. auch: Eroberer, Erbe	
	עָוֹן	Verkehrtheit, Sünde	E: d*avon* kommt die Sünde
	סלח לַעֲוֹן הָעָם	◦ die Sünde des Volkes vergeben	
228	הֶאֱזִין	hi (hin)hören	B: lat. *audīre* „hören"; E: vgl. Automarke *Audi* („höre!", früher „Horch"), B: gr. *οὖς* „Ohr"; Ba: *Audi*enz
	אֹזֶן f. ; אָזְנַיִם (å)	Ohr	
	וַיְדַבֵּר בְּאָזְנֵי הָעָם	◦ er sprach zum Volk	
	נגע	berühren, reichen bis hi berühren hi, eintreffen pi schlagen ni pu	B: *nah*e, vgl. נגשׁ 125
	נֶגַע	Schlag, Plage	E: K*n*o*ck*out-Schlag
227	אַחֵר, f. אַחֶרֶת	anderer, folgender	E: n*achher*, am anderen Tag und in der *folgende*n Nacht (s. auch מָחֳרָת, מָחָר (*å*) 84);
	אֱלֹהִים אֲחֵרִים	◦ andere (= fremde) Götter	אַחַר/אַחֲרֵי §2.3; : ⁺רֵאשִׁית 829
	אַחֲרִית	Ende, Zukunft, Nachkommenschaft	
	בְּאַחֲרִית הַיָּמִים	◦ am Ende der Tage	
	קֶרֶב	Inneres, Mitte	B: *Körp*er; Ba: vgl. ⁺קרב 448;
	בְּקֶרֶב	◦ mitten in, in	E: *Kerb*e in der Mitte (einer Tablette)
225	בִּקֵּשׁ	pi suchen pu	E: *Bak*schi*sch* zu erhalten suchen
	הַמְבַקְשִׁים אֶת־נַפְשֶׁךָ	◦ die dir nach dem Leben trachten	lies: *hambaqšīm*
	רבה	viel sein hi=pi	E: *raf*fen, vgl. ⁺רבב 661
	הַרְבֵּה	◦ hi Inf. abs. = Adv. viel	
	שׁאר, נִשְׁאַר	q ni übrig sein/bleiben hi	E: *sch*we*r* übrig bleiben
	שְׁאָר	Übriges, Rest	
	שְׁאָר יָשׁוּב	◦ ein Rest kehrt um	*Schear-Jaschub* (Jes 7,3)
	שְׁאֵרִית	Übriges, Rest	
223	כתב	schreiben ni	*Ketib*, כתובים (Pt. pass.) *Ketub*im „Geschriebenes, Schriften" (Teil III der hebräischen Bibel), *Kass*i*b*er

220	אֵם f.; אִמִּי	Mutter (auch im weitesten Sinne)	B/Ba: *Mama*; m. אָב 1211
217	כּוּן: נָכוֹן, הֵכִין, כּוֹנֵן	ni fest/zuverlässig sein hi pol festigen, erstellen	יְהוֹיָכִ(י)ן Jo*jachin* „JHWH hat festgemacht"
215	בֶּגֶד	Gewand, Kleid	E: *Bedeck*ung
	לָבֵשׁ בְּגָדִים	◦ Kleider anziehen	
	וַיִּקְרַע אֶת־בְּגָדָיו	◦ er zerriss seine Kleider	(Trauerritus)
214	בֹּקֶר	Morgen	E: *Wecker* am Morgen, *Poker*n bis zum Morgen; :: עֶרֶב 134
	וַיְהִי עֶרֶב וַיְהִי־בֹקֶר יוֹם שְׁלִישִׁי׃	◦ es wurde Abend, es wurde Morgen: ein dritter Tag. (Gn 1,13)	
	יסף	q hi hinzufügen ni; mit 2. Verb: weiter (tun)	*Josef* „(JHWH) möge hinzufügen"
	עזב	verlassen, loslassen ni	
	אֵלִי אֵלִי לָמָה עֲזַבְתָּנִי	◦ mein Gott, mein Gott, warum hast du mich verlassen?	*Eli, Eli, lama asabtani*? (Ps 22,2); *ηλι, ηλι λεμα σαβαχθανι*; *Eli, Eli, lema sabachtani*! (Mt 27,46)
213	נצל: הִצִּיל	hi entreißen, retten ni ho	E: *hi*n ins *Ziel* retten; Ba: vgl. צֵל „Schatten" 53
212	שׁכב	sich legen, liegen hi hinlegen ho	E: *schicht*weise liegen; Ba: vgl. שָׁכֵן 129
	וַיִּשְׁכַּב עִם אֲבֹתָיו	◦ er legte sich zu seinen Vätern = er starb	
211	מִנְחָה	Geschenk, Opfergabe, Speiseopfer	B: *manch*, *Menge*
207	כלה / (כלא)	zu Ende sein, aufhören pi vollenden, vernichten; mit 2. Verb: ganz	Ba: engl. *kill* off „vernichten"
205	זקן	alt sein	E: *sen*ex „alt, Greis"; E: alter *Sack*;
	זָקֵן	alt	:: $^{+}$חָדָשׁ 336
	הַזְּקֵנִים	◦ die „Ältesten"	E: *Sen*atoren
	מִזִּקְנֵי יִשְׂרָאֵל	◦ einige von den Ältesten Israels	
203	הִלֵּל	pi rühmen, loben pu hit	*Hillel* (berühmter Schriftgelehrter in Jerusalem um das Jahr 0, für seine Milde und Geduld bekannt)
	הַלְלוּ(־)יָהּ	◦ lobt Jah (= JHWH)! *Halleluja*!	
	תְּהִלָּה; תְּהִלִּים	Ruhm, Lobpreis	תהלים Buchtitel: Psalmen

B: Brunner, Ba: Baader, E: Eselsbrücke

202	אֲרוֹן, הָאָרוֹן אֲרוֹן בְּרִית יְהוָה	Lade, Kasten ◦ die Bundeslade JHWHs	B: lat. *ar*s „Kunst, Gewerbe", *arm*a „Geräte, Waffen"; E: Trug *Aaron* die Lade? oder: (Am Titusbogen in Rom) vergeblich sucht der B*aron* die Lade
201	יתר: נוֹתַר, הוֹתִיר יֶתֶר	ni übrig bleiben hi Rest, Überfluss	E: (Es sagte der) *Notar*: „vom Erbe wird nichts übrig bleiben" *Jeter*/*Jitro* יִתְרוֹ/יֶתֶר „(Gott) ist überfließend"; Ba: engl. *sur*vivals unverstandene Reste, Überbleibsel"
200	קבר קֶבֶר	q pi be*grab*en ni pu Grab	B: gr. σκάπτω „*grab*en"; E: ma*kaber* „schaudererregend" E: *Grab*; frz. dance ma*kabr*e „Totentanz", ma*kaber*
198	אסף נֶאֱסַף אֶל־עַמָּיו	sammeln =hi ho, wegnehmen ni ◦ er wurde zu seinen Verwandten versammelt = er starb	*Asaf* אָסָף „(Gott) hat gesammelt"; E: *Asp*ekte sammeln
	רכב רֹכֵב רֶכֶב	fahren, reiten hi ◦ Pt. Reiter (Streit)Wagen	E: *r*ei*ch* *b*eladen fahren; e*rh*a*b*en reiten; Ba: ?gr. ἔρχομαι „kommen"; Ba: vgl. רֹחַב 101; E: *reich b*eladener Wagen
194	II ענה עָנִי עָנִי וְאֶבְיוֹן עֳנִי	gebeugt sein hi pi demütigen hit elend, demütig ◦ elend und arm Elend	E: *ohn*mächtig/machtlos sein Bet*ani*en בֵּית עָנִי „Haus der Armen"?; E: kein Elend *ohn*' H*i*lfe (Ps 31.8)
193	יכל לֹא יוּכַל לְהוֹשִׁיעַ	*k*önnen ◦ er kann nicht helfen	E: engl *y*es, we *c*an a*l*l (= כֹּל)
	שֶׁמֶן טוֹב שֵׁם מִשֶּׁמֶן טוֹב	Öl ◦ Besser ist ein guter Name/ Ruf als gutes Öl	B: *schm*ieren, *Schm*erbauch (Qoh 7,1)

Nr.	Wort	Bedeutung	Erläuterung
192	חנן חָנֵּ֫נִי (å) חַנּוּן חַנּוּן וְרַחוּם יְהוָה חֵן חִנָּם	gnädig sein hit um Erbarmen flehen ◦ Imp. sei mir gnädig! gnädig ◦ gnädig und barmherzig ist JHWH Gnade, Gunst, Anmut umsonst	*Hananja = Ananias/Johanan, Johannes, Hanns, Hans* יוֹחָנָן / חֲנַנְיָ֫ה(וּ) „JHWH ist gnädig (gewe-sen)", *Hanna*, חַנָּה, gr. *Ἄννα*, dt. *Anna*; vgl. *Hanni*bal „Baal ist gnädig" jidd. *Cheen* geht über schön! (vgl. Prv 11,22);
	חָצֵר meist f.	Siedlung, Hof, eingehegter Raum, Vorhof (des Tempels)	E: *Harzer* Hof
	כַּף .f; כַּפַּ֫יִם כַּף רֶ֫גֶל	hohle Hand, Handfläche, Schale ◦ Fußsohle	Buchstabe כ *Kaf,* von כַּף abgeleitet; Ba: engl. *cup* „(Hand) hohl machen"; *cup* „Tasse, Becher", dt. *Kappe*, *Käppi*
	עוד: הֵעִיד עֵד; עֵדִים, עֵדֵי־ לֹא־תַעֲנֶה בְרֵעֲ֫הוּ עֵד שָׁ֫קֶר: עֵדוּת אֲרוֹן הָעֵדוּת עֵדוֹת	hi Zeugnis ablegen, warnen Zeuge ◦ du darfst gegen deinen Nächsten nicht als Lügenzeuge aussagen Zeugnis, Gebot ◦ die Gesetzeslade ◦ Pl. Gesetzesbestimmungen	עוד §2.4b Ba: *Eid* (Ex 20,16; vgl. Dt 5,20) E: Edikt voller Ge*bot*e;
190	בְּהֵמָה אָדָם וּבְהֵמָה	(Haus)Tiere, Vieh, Wild ◦ Menschen und Tiere	*Behemot* „Riesentier, ?Nilpferd" (Hi 15)
	שֵׁ֫בֶט שִׁבְטֵי יִשְׂרָאֵל	*Stab*, Stamm ◦ die Stämme Israels	B: *Stab,* Ba: *Zepter* (des Herrschers/Richters = ⁺שׁפט 624)
189	טהר טָהוֹר	rein sein pi reinigen hit rein	E: *rein*es ä*ther*isches Öl ; :: ⁺טמא, טָמֵא 189

188	שָׁמֵם מְשׁוֹמֵם שְׁמָמָה/שַׁמָּה שִׁמְמוֹת עוֹלָם	q ni öde daliegen, schaudern hi ◦ pol Pt. zerschlagen, Verwüster Verwüstung, Entsetzen ◦ Wüstenei für immer	E: *sch*li*mm*, *sch*li*mm* sein;
187	רֵ֫עַ אִישׁ אֶל־רֵעֵהוּ רֵ֫עַ הַמֶּ֫לֶךְ לֹא־תַעֲנֶה בְרֵעֲהוּ עֵד שָׁ֫קֶר׃	Gefährte, Freund, Nächster ◦ einer zum anderen, untereinander ◦ Freund des Königs du darfst gegen deinen Nächsten nicht als Lügenzeuge aussagen	E: *re*chter Freund; *Reg*uël רְעוּאֵל „Freund Gottes“ oder „Gott ist Freund“; anders: +רַע 761 (Ehrentitel) (Ex 20,16; vgl. Dt 5,20)
185	נִשְׁבַּע	ni *schwö*ren hi	Beër*scheba* בְּאֵר שֶׁ֫בַע „Schwurbrunnen“ oder „Sieben (Lämmer-) Brunnen“; E: *schw*ören
184	אבד אֲרַמִּי אֹבֵד אָבִי	verloren/zugrunde gehen hi=pi ◦ ein zugrunde gehender Aramäer war mein Vater (Dt 26,5)	*Abad*don אֲבַדּוֹן, gr. Ἀβαδδών „Totenreich“ beachte die poetischen Feinheiten: 3x א am Anfang, 3x *ī* am Ende; 2+1x ב/מ in der Mitte
	אוֹר אוֹר וַיֹּ֫אמֶר אֱלֹהִים יְהִי אוֹר וַיְהִי אוֹר׃ מָאוֹר; מְאֹרוֹת הַמָּאוֹר הַגָּדֹל הַמָּאוֹר הַקָּטֹן	q hi leuchten hi Licht ◦ Gott sprach: es werde Licht. So wurde Licht. (Gn 1,3) Licht, Leuchte ◦ statt הַשֶּׁ֫מֶשׁ 134 ◦ statt הַיָּ֫רֵחַ 27	Ja*ï*r „(Gott) strahlt“ (Jdc 10,3-5) = Ἰαείρος (Mk 5, 21ff.; die Tochter des Jairus), (Pt.) מֵאִיר *Meïr*, *Meyer*; Melchi*or* מַלְכִּי־אוֹר „der (Gott)König ist Licht“; אוּרִיָּה „JHWH ist Licht/ Feuer“ < אֵשׁ); :: חֹשֶׁךְ 80 „großer/kleiner Leuchtkörper" (Gn 1,16: Bestreitung der Göttlichkeit von Sonne und Mond; vgl. dagegen Ps 136,8f.)

183	בָּקָר	Rinder, Rinderherde	E: Rind*v*ie*cher*, B: lat. *pecu*(s)
	בֶּן־בָּקָר	◦ einzelnes/junges Rind	
	צֹאן וּבָקָר	◦ Schafe und Rinder	
182	שׁבת	aufhören, ruhen hi	
	f. שַׁבָּת	*Sabbat*	„Ruhetag“, vgl. *Samstag*
177	חִלֵּל, hi הֵחֵל	pi entweihen ni, hi entweihen, anfangen ho	E: pi die *Hall*e entweihen; hi zu *h*e*ch*e*l*n anfangen
	תְּחִלָּה	Anfang	
	חָלִילָה (לִּי)	fern sei es (von mir)!	
	שִׁיר	q pol singen ho	Ba: *Sir*enengesang (der weiblichen Fabelwesen, deren Gesang Odysseus betören sollte); E: wie eine Sirene singen
	שָׁר, שָׁרָה	◦ Pt. auch: Sänger(in)	
	מְשׁוֹרֵר	◦ pol Pt.: Termpelsänger	
	שִׁיר/שִׁירָה	Lied	E: *Sir*enenlied
	שִׁיר הַשִּׁירִים	◦ (das) Hohelied	Buchtitel: שיר השירים
176	גּוּר	q hit als Schutzbürger weilen	E: *g*e*r*n gasten
	גָּר	◦ Pt. als Sch. verweilend	
	גֵּר	Schutzbürger	E: Schutzbür*ger*
	שָׂפָה; שְׂפָתַיִם	Lippe	äg. *spt* „Lippe, Rand“; Ba: *s*a*bb*ern, B: *Saft*, Ba: *s*au*f*en
	שְׂפַת כְּנַעַן	◦ die Sprache Kanaans	
	שְׂפַת הַיָּם	◦ der Rand / das Ufer des Meeres	
175	קִטֵּר	pi hi (Opfer) in Rauch aufsteigen lassen, räuchern ho	E: auf dem *K*u*tter* räuchern (vgl. Jon 1,16); Ne*kt*a*r*
	קְטֹרֶת	Opferrauch, Räucherwerk	E: Räucherwerk beim *K*u*t*te*r*
173	בחר	(er)wählen ni	Ba: *Begehr*
	בָּחוּר	◦ Pt. pass. auserwählt	
171	שׁאל	fragen, bitten, fordern	*Saul* שָׁאוּל (Pt. pass.) „(von Gott) Erbetener“; Ba: engl. *call* for „fragen nach“

B: Brunner, Ba: Baader, E: Eselsbrücke

170	חוה: הִשְׁתַּחֲוָה	reflexives Šafʿēl: sich niederwerfen, (an)beten	(die Proskynese vollziehen)
	וַיִּקֹּד וַיִּשְׁתַּחוּ וַיִּקְּדוּ וַיִּשְׁתַּחֲווּ	∘ er/sie kniete(n) nieder und beugten(n) sich (zur Erde)	קדד 15
169	קהל:	hi versammeln, einberufen ni sich versammeln	vgl. קוֹל 505
	קָהָל	Versammlung, (Volks/Kult)Gemeinde	B: gr. ἐκκλησία „Volksversammlung", im NT besonders „Gemeinde, Kirche"
	קְהַל יְהוָה	∘ die Gemeinde JHWHs	
	m. קֹהֶלֶת	Prediger?, *Qohelet*	קהלת Buchtitel: *Qohelet*
168	יעץ	raten, beschließen ni sich beraten	E: *jetzt* raten und beschließen; Ba: lat. *ut*i „von etwas Gebrauch machen, benutzen"
	יוֹעֵץ	q Pt. auch: Ratgeber	
	עֵצָה	Rat, Plan	Ba: *us*us „Gebrauch, Brauchbarkeit"
	רעה	weiden	E: *Ra*sen abweiden
	רֹעֶה, f. רֹעָה	∘ Pt. Hirt(in)	
	יְהוָה רֹעִי	JWHW ist mein Hirte	(Ps 23,1)
167	הרג	töten ni pu	E: *hau ruck*!, (er)wür*g*en
	צעק/זעק	q pi hi schreien, hi auch: (Heer) aufbieten ni	E: „*Zack*, *zack*!" schreien
	וַיִּצְעַק צְעָקָה גְּדֹלָה	∘ er schrie laut	
	צְעָקָה/זְעָקָה	Hilferuf, Geschrei	
	דּוֹר	Generation, Geschlecht	B: *Dauer*, lat. *dūr*āre
	לְדֹר וָדֹר	∘ von Geschlecht zu G.	
164	דרשׁ	fragen, suchen, fordern ni	Mi*drasch* (erbauliche Auslegung durch jüdische Schriftgelehrte); E: nach *Dresch*barem fragen und suchen (Ru 2f.)
	חוּץ	das Draußen, Gasse	Ba: gr. *ἐκ, ἐξ* (<εχς) „aus"; mein(e) *Ex*;
	חוּץ, חוּצָה	∘ hinaus, heraus	E: draußen S*chutz* finden
	מִחוּץ לָעִיר	∘ außerhalb der Stadt	

Nr.	Hebräisch	Bedeutung	Hinweise
162	אַ֫יִל	Widder, Mächtiger, Gewalthaber	E: *eil*iger Widder
	קרה/קרא II	treffen, begegnen ni hi	E: *Cara* treffen
	לִקְרַאת	∘ entgegen, gegenüber	
	שׁחת	pi hi verderben ni ho	Ba: vgl. שׁחט „*sch*lacht*en*, *sch*äch-*t*en“ 79; E: Ma*chete*; im *Schacht* verderben
	מַשְׁחִית	∘ Pt. Verderber, Verderben	
161	בַּד	Stück	E: *Bad*estück
	לְבַדִּי	∘ ich allein usw.	Ba: vgl. אבד „verloren gehen, sich verlieren“ 184
	לְבַד מִן / מִלְּבַד	∘ außer, abgesehen von	
	בַּ֫עַל	Besitzer	B: lat. *val*ēre „stark, kräftig sein“, *wal*ten
	הַבַּ֫עַל; הַבְּעָלִים	∘ *Baal*, die *Baale*	*Isch-Boschet* אִישׁ(־)בֹּ֫שֶׁת „Mann der Schande“ statt אֶשְׁבַּ֫עַל „Mann Baals“; Hanni*bal* „Baal ist gnädig“ +חנן 192
	בַּ֫עַל אִשָּׁה	∘ Eheherr	
	בַּעֲלֵי יְרִיחוֹ	∘ die Bürger von Jericho	
	בַּ֫עַל הַחֲלֹמוֹת	∘ der Träumer	(= Josef, Gn 37,19)
160	נצב: הִצִּיב/הִתְיַצֵּב	hi stellen, einsetzen, festlegen ho; ni hit sich hinstellen	Ba: lat. *stu*pere „*ste*i*f* sein“, dt. *Stab*, engl. *staff*
	נִצָּב	∘ ni Pt. auch: Statthalter	
	מַצֵּבָה/מַצֶּ֫בֶת	*Massebe*, Mal-/Gedenkstein	
	קנה	erwerben, kaufen, besitzen; schaffen	E: eine *Kan*ne erwerben; B: lat. c*ō*n*ārī* „sich anstrengen, versuchen“; El*kana* אֶלְקָנָה „Gott erschafft“; vgl. +קָנָּא 85
	קֹנֵה שָׁמַ֫יִם וָאָ֫רֶץ (Gn 14,19.22)	∘ Pt. der Schöpfer von Himmel und Erde	
	מִקְנֶה	(Vieh/Grund)Besitz	„Erworbenes, Erkauftes“
159	בּוֹשׁ	zuschanden werden, sich schämen hi	E: *be*sch*ä*men (= hi), *bloß*; Ba: *Scham*
	בֹּ֫שֶׁת f.	Schande	*Isch-Boschet* אִישׁ(־)בֹּ֫שֶׁת „Mann der Schande“ statt אֶשְׁבַּ֫עַל „Mann (= Diener) Baals“
	יִלְבְּשׁוּ בֹ֫שֶׁת	∘ sie bedecken sich mit Schande	

	נוּס	fliehen	E: mit/in einer *Nuss*schale fliehen
	פַּר, הַפָּר	junges Rind, Jungstier	*Far*re, Ba: פְּרִי 119
	פָּרָה	junge Kuh, *Fär*se	*Fär*se
	קֵץ/קָצֶה	Ende	E: *k*ur*z* vorm Ende
	מִקְצֵי שִׁבְעַת יָמִים	◦ nach Ablauf von 7 Tagen	
156	הִתְפַּלֵּל (בְּעַד)	hit bitten, beten (für)	E: bitten = Gott auf die *Pel*le rücken! תְּפִלִּין Tefillin (im Judentum „Gebetsriemen“)
	תְּפִלָּה; תְּפִלּוֹת	Gebet, Klagelied	
155	תמם	fertig/vollständig sein hi	Jo*tam* יוֹתָם „JHWH ist volkommen“; Ba: gr. τελέω „beenden, erfüllen“, τέλος „Ende, Ziel“; gr. τιμή „Wert, Würde“
	תָּמִים	vollständig, untadelig	
	תָּמִים עִם יְהוָה	◦ untadelig vor JHWH	
152	כִּסָּה	pi q bedecken, verleugnen pu hit	Ba: lat. *cod*ex, *Kod*ex (von Deckeln eingeschlossene Blätter), engl. *coat* „Jacke, Mantel“; rz. *code* „Chiffrier-schlüssel“; E: Meine *Küsse* bedecken …
	כִּסָּה עָוֺן	◦ Sünde vergeben	
	צָפוֹן	Norden	Baal-*Zefon* בַּעַל צְפוֹן „(Haus des) Baal *Ze/afon*“; E: *Sa*xo*phon* im Norden; zappenduster s. auch zu +יָמִין 144
	צָפֹנָה	◦ nach Norden	
147	שבר	q pi zerbrechen ni	E: zer*schepper*n
146	נסע	q hi herausreißen hi q aufbrechen hi	E: Bren*nesse*ln herausreißen
	שָׂנֵא	hassen ni	E: *Sahne* hassen, Hass *s*ä*en*
	שֹׂנֵא, מְשַׂנֵּא	◦ q pi Pt. Feind	
144	הֵימִין	hi sich nach rechts wenden	*Jemen* (im Süden der arabischen Halbinsel); *Benjamin* בִּנְיָמִין, → +בֵּן 5511, :: שְׂמֹאול „links, Norden“ 54; der Ägypter dagegen orientiert sich am Sonnengott Re im Zenit, daher *jmnt* „rechte Seite, Westen“ usw.
	יָמִין f.	rechte Seite, rechts (Seite des Glücks), Süden	
	יַד יְמִינוֹ	◦ seine rechte Hand	

	ישר יָשָׁר יִשְׁרֵי לֵב	gerade/eben/recht sein hi=pi gerade, eben, recht ◦ Aufrichtige	*Jeschurun* יְשֻׁרוּן (Ehrenname für Israel); E: *ja,* schnurgerade sein; :: רָשָׁע, רשע 297
	נוּחַ נוֹחַ הֵנִיחַ הִנִּיחַ	ruhen, sich niederlasssen ◦ Inf. abs. auch: Ruhe ◦ hi (1) zur Ruhe bringen, sich lagern lassen ◦ hi (2) setzen, legen, (da)lassen	E: *nach*ts [AK נָח*] ruhen נֹחַ *Noah*; B: *Nach*t; *Manoach* (Jdc 13,2) מָנוֹחַ „Ruheplatz“
	צרר I וַיֵּצֶר לוֹ מְאֹד צַר I f.; צָרָה	zusammenbinden, eng sein, hi bedrängen ◦ es wurde ihm sehr bang eng; m/f. Not, Bedrängnis	E: eng zusammenz*urr*en Ba: engl. *sore* „weh, wund“, *sor*-ry „jämmerlich; Verzeihung“; dt. *sor*genvoll; jidd. Zoro/s (צָרוֹת;צָרָה); Ba: engl. *sor*row, dt. *Sor*ge
143	ידה: הוֹדָה הוֹדוּ לַיהוָה תּוֹדָה מִזְמוֹר לְתוֹדָה	hi preisen; bekennen = hit ◦ preist JHWH! Loblied, Lobopfer ◦ ein Psalm zum Lobopfer	הוֹדָיוֹת *Hodayot* „Loblieder“ von Qumran
	רדף (אַחֲרֵי)	jmd. verfolgen pi nachjagen	E: *Räd*els*f*ührer verfolgen (2S 20,6f.)
	רחק הַרְחֵק רָחוֹק מֵרָחוֹק	fern sein hi=pi ◦ hi Infa. = Adv. fern fern ◦ aus/in der Fernen	E: *r*i*ch*tig fern sein; :: +קרב 448 :: +קָרוֹב 448
141	יַחַד יַחַד/יַחְדָּו	Vereinigung ◦ zusammen, miteinander	E: *Jagd*- und *Yacht*-Vereinigung; B: *Gat*te
	יַיִן לֶחֶם וָיַיִן	(<*wayn*) *Wein* ◦ Brot und *Wein*	Ba: gr. (ϝ)*οἶνος*, lat. *vin*um, dt. *Wein*
	נַחַל, נָחַל i.p. נַחַל אַרְנוֹן	Bachtal, Bach ◦ der Bach Arnon	E: *Nach*h*all* am Bach(tal); B: lat. u*nc*us „gekrümmt“, dt. Ge*nick*

139	נְחֹ֫שֶׁת נְחֹ֫שֶׁת וּבַרְזֶל	Kupfer, Bronze ◦ Erz und Eisen	eherne (kupferne) Schlange נְחַשׁ הַנְּחֹ֫שֶׁת (= נְחֻשְׁתָּן, (2R 18,4); vgl. Nu 21, 8f. und +שָׂרָף 124)
138	יֵשׁ	Vorhandensein, es gibt	B/Ba: lat. *est*, dt. *ist*; :: אַ֫יִן 789
	סוּס סוּסָה	Pferd, Hengst Stute	E: *süß*es Pferd
136	חֵ֫לֶב חָלָב אֶ֫רֶץ זָבַת חָלָב וּדְבַשׁ	Fett, Bestes Milch ◦ ein Land, das von Milch und Honig überfließt	*Haleb* = Aleppo; E: *halb*fett; wegen der Verwandtschaft mit חֵ֫לֶב ist חָלָב sicher keine Magermilch; E: ein *halb*er Liter Milch; vgl. auch לָבָן „weiß" 29
135	כִּסֵּא	Sessel, Thron	E: franz. *ch*ai*s*e „Stuhl"
134	חרה (אַף) וַיִּ֫חַר לוֹ חָרוֹן חֲרוֹן אַפּוֹ	entbrennen (Zorn), zürnen ◦ er wurde zornig (Zornes)Glut ◦ die Glut seines Zorns	E: *har*t zürnen
	עֶ֫רֶב וַיְהִי עֶ֫רֶב וַיְהִי־בֹ֫קֶר יוֹם שְׁלִישִׁי׃	Abend ◦ es wurde Abend, es wurde Morgen: ein dritter Tag (Gn 1,13)	*Europ*a „Abend-land" (da im Westen die Sonne versinkt), Ma*ghreb* (die in Nordwestafrika liegenden Staaten Libyen, Tunesien, Algerien, Marokko, Mauretanien) :: בֹּ֫קֶר 214
	פשׁע (בְּ) פֶּ֫שַׁע	brechen mit, verbrecherisch handeln an ni Verbrechen	E: als *Pascha* verbrecherisch handeln E: des *Pascha*s Verbrechen
	שֶׁ֫מֶשׁ	Sonne	*Simson* שִׁמְשׁוֹן „Sonnchen", *Bet-Schemesch* בֵּית־שֶׁ֫מֶשׁ „Tempel des Sonnengottes"; B: *Sommer*; :: יָרֵ֫חַ „Mond" 27

B: Brunner, Ba: Baader, E: Eselsbrücke

133	אחז	ergreifen ni	(יוֹ)אֲחַזְיָה // יְהוֹאָחָז/'יו *Ahas*-ja// Joahas „JHWH hat (schützend) ergriffen", *Ahas* „Er (J) …"; Ba: gr. ἔχω haben, halten", engl. *has* = dt. *hat*
	אֲחֻזָּה	Besitz	Ba: gr. κτῆμα „Besitz, Habe"
	חוֹמָה	Mauer	E: <u>Hom</u>ep<u>a</u>ge des <u>Mauer</u>-museums
	עִיר חוֹמָה	◦ ummauerte Stadt	
130	נִכֵּר, הִכִּיר	pi fremd machen, falsch darstellen ni=<u>hit.</u> hi erkennen, anerkennen, ni hit sich zu erkennen geben	
	נֵכָר	Fremde, Ausland	
	נָכְרִי (*å*)	fremd, ausländisch	E: <u>*noch*</u> <u>ri</u>chtig <u>fremd</u> (sein)
	בְּאֶרֶץ נָכְרִיָּה	◦ in einem fremden Land	
	רִחַם	pi sich erbarmen pu q lieben	E: mit sta<u>*rk*</u>e<u>*m*</u> <u>Erbarmen</u>; Lo-*Ruh*am*a* לֹא רֻחָמָה „ohne Erbarmen" (Hos 1,6)
	רַחוּם	barmherzig	
	חַנּוּן וְרַחוּם יְהוָה	◦ gnädig und barmherzig ist JHWH	
	f. רֶחֶם	Mutterleib	Mutterleib = Sinnbild des Erbarmens über den heranwachsenden Fetus
	רַחֲמִים	Erbarmen	
129	כֶּבֶשׂ/כֶּשֶׂב	junger Widder	E: <u>*Kaspers*</u> <u>junger Widder</u>
	כִּבְשָׂה/כִּשְׂבָּה	Lamm (f.)	
	רִיב	streiten, *r*echten	E: sich <u>r</u>e<u>ib</u>en; <u>R</u>e<u>ib</u>erei *Meriba* מְרִיבָה „Streit, Zank"
	רִיב/רִב	(Rechts)Streit	

Nr.	Hebräisch	Bedeutung	Merkhilfe
128	עזר	helfen ni	*Asar*ja עֲזַרְיָה(וּ) / Eli*ëser*
	עֹזֵר	◦ Pt. auch: Helfer	אֱלִיעֶזֶר „JHWH hat geholfen“; Ba: lat. *auxil*iari „helfen“
	עֵזֶר/עֶזְרָה	Hilfe	Eben-*Eser* אֶבֶן עֵזֶר „(Gedenk) Stein für (erfahrene) Hilfe; Eli*ëser* אֱלִיעֶזֶר = *Lazar*us „Gott ist Hilfe“, *Esra* עֶזְרָא „(Gott ist) Hilfe“; Ba: lat. *auxil*ium „Hilfe“
127	קבץ	pi (ver)sammeln ni; ni=<u>hit</u>	B: *H*au*f*e; isr. *Kibbuz* „Gemeinschaftssiedlung“
126	m/f. עֶצֶם	Knochen, Gebein (auch: Sitz der Empfindungen)	B: lat. *os*; *Os*suarium „Beinhaus“
	בְּעֶצֶם הַיּוֹם הַזֶּה	◦ genau an diesem Tag	
125	חֵמָה	Hitze, Gift, Erregung, Zorn	türk. *H*a*m*am/*H*a*m*mām „Dampfbad“
	בְּאַפִּי וּבַחֲמָתִי	◦ in meinem Zorn und Grimm	
	חֲצִי	Hälfte, Mitte	E: <u>*Hat sie*</u> die <u>Hälfte</u> bekommen?
	חֲצִי הַלַּיְלָה	◦ Mitternacht	
	חֲצִי מַטֵּה מְנַשֶּׁה/ חֲצִי שֵׁבֶט מְנַשֶּׁה	◦ der halbe Stamm Manasse	
	נגשׁ	q ni sich nähern hi (dar)bringen ho	E: engl. *next* „*n*ä*ch*ster“
	הִשְׁלִיךְ	hi werfen ho	E: <u>*schl*ec*h*t</u> <u>werfen</u>
124	חפץ	Gefallen haben (an)	E: <u>Gefallen haben</u>, au*ch* *a*m *Fes*t
	חָפֵץ	Gefallen habend, willig	
	חֵפֶץ	Gefallen (an)	
	כֹּחַ	Kraft, Fähigkeit, Stärke	E: <u>*Koch*kraft</u> gesucht!
	שׂרף (בָּאֵשׁ)	(ver)brennen ni pu	*Saraf* „Brennender“ (geflügeltes Mischwesen; Jes 6);
	שָׂרָף	*Saraf*, *Seraph*	B: lat. *serp*ens „Schlange“

122	בְּכֹר, בְּכוֹר בְּנוֹ הַבְּכֹר	erstgeboren, Erstgeborener ◦ sein erstgeborener Sohn	E: *Bechers* Erstgeborener
	חלק חֵ֫לֶק חֵ֫לֶק וְנַחֲלָה	q pi (ver)teilen ni pu Anteil, Teil ◦ Anteil und Erbbesitz	E: Brachland oder Acker verteilen; *Hilk*ija (חִלְקִיָּ֫ה(וּ „JHWH ist (mein) Besitzanteil"; jidd. Es hat jeder sein *Chelek*! Ba: vgl. +נחל 281;
121	גַּן/גַּנָּה מָגֵן, מָגִנֵּי	Garten Schild	Ba/E: Garten; גַּן־עֵ֫דֶן Garten *Eden* „Garten der Wonne" (Gn 2,15); E: *Magen*schild
	לכד וַיִּלְכֹּד אֶת־הָעִיר	fangen, (ein)nehmen ◦ er nahm die Stadt ein	Ba: engl. *lock* „(ein)schließen"; B/Ba: vgl. לקח 966
119	נָהָר הַנָּהָר (הַגָּדוֹל)	Fluss, Strom, Strömung ◦ meist: Eufrat	E: Flüsse: *Rhein* (ר→ה→נ), *Nahe*, *Neckar*, *Niger*
	פְּרִי עֵץ פְּרִי	*Fr*ucht ◦ *Fr*uchtbaum	Ba: gr. *φέρω* „(*Fr*ucht) tragen", lat. *fer*tilis, dt. *fr*uchtbar"; Ba: vgl. פַּר, f. פָּרָה 159
118	בטח (בְּ)	vertrauen (auf) hi	jidd. *betuch*t (בָּטֽוּחַ Ptp. „vertrauensvoll > begütert" sein; E: voll Vertrauen *betrach*ten;
	פַּ֫עַם הַפַּ֫עַם פַּעֲמַ֫יִם שֵׁשׁ פְּעָמִים	Schritt, Tritt, Fuß ◦ diesmal ◦ zweimal ◦ sechsmal	E: O*pa am* Schritt erkennen; vgl. רֶ֫גֶל 247
117	f. לָשׁוֹן	Zunge, Sprache	Ba: gr. *γλῶσσα* „Zunge"; vgl. G*l*o*ss*olalie „Zungenreden" E: *Lasch*e = Zunge beim Schuh
	תּוֹעֵבָה תּוֹעֲבַת יְהוָה	Gräuel ◦ ein Gräuel für JHWH	E: sich mit Gräueltaten aus*tob*en

115	שׁפך	aus/vergießen ni pu	B: *Sieb*, *seih*en?
	שֹׁפֵךְ דָּם	◦ wer Blut vergießt	
114	בכה	(be)weinen	E: Tränen*bach*: „und die Augen süße *B*ä*ch*e weinen“ (Herder); :: צחק „lachen“ 49
113	שֶׁקֶר	Rechtsbruch, Lüge	jidd. *schäker*n „lügen“, Lauter *Scheeker* weschów! „Lauter Lug und Trug!“
	לֹא־תַעֲנֶה בְרֵעֲהוּ עֵד שָׁקֶר׃	◦ du darfst gegen deinen Nächsten nicht als Lügenzeuge aussagen	(Ex 20,16; vgl. Dt 5,20)
112	חשׁב	(an)rechnen, denken, planen, halten für ni pi berechnen, planen	E: *K*a*ss*e; Na*chsch*u*b* berechnen
	לָבֵשׁ/לבשׁ	anziehen hi	B: *Lap*pen
	יִלְבְּשׁוּ בֹשֶׁת	◦ sie bedecken sich mit Schande	
	לָבוּשׁ, לָבֻשׁ	◦ Pt. pass. bekleidet	
111	חֵרֵף	pi q schmähen, höhnen	E: s*charf*züngig schmähen
	חֶרְפָּה	Schmähung, Schmach	
110	נֶגֶב	Süden	
	נֶגְבָּה	◦ nach Süden	
	הַנֶּגֶב	◦ Südland, auch: Ägypten	*Negeb*
	כִּפֶּר	pi sühnen pu=hit=nit	Ba: *Koffer*, *K*a*p*pe, *K*ä*p*pi;
	וְכִפֶּר עָלָיו	◦ er soll für ihn Sühne schaffen	
	כִּפֻּרִים	Sühnung	
	יוֹם (הַ)כִּפֻּרִים	◦ (der) Versöhnungstag	*Jom Kippur*
	עָפָר; עַפְרוֹת־	Staub	B: *Ufer*; E: *afr*ikanischer Staub
	עָפָר מִן־הָאֲדָמָה	◦ Staub von dem Erdboden	

B: Brunner, Ba: Baader, E: Eselsbrücke

Nr.	Hebräisch	Bedeutung	Merkhilfe
109	כָּנָף; כְּנָפַ֫יִם	Flügel; Du. Flügelpaar	Ba: engl. *canap*y „Baldachin“, dt. *Klap*pe; E: Flügel*klap*pe
	כְּנַף בִּגְדוֹ	◦ der Zipfel seines Gewandes	
	כַּנְפוֹת הָאָ֫רֶץ	◦ die Enden der Erde	
108	משׁח	bestreichen, salben ni	*Ma*ssage, *ma*ssieren (nach vorhergehendem Einölen/Salben)
	מָשִׁיחַ	Gesalbter, *Messias*	
	נחם	pi trösten pu ni hit sich trösten, bereuen	*Nahum* נַחוּם, *Nehem*ia נְחֶמְיָה „JHWH hat getröstet“
	נַחֲמוּ נַחֲמוּ עַמִּי	◦ pi Imp. tröstet, tröstet mein Volk!	(Jes 40, 1)
107	שׂבע	satt sein hi=pi	E: *sup*er satt sein
	שָׂבֵ֫עַ	satt	
106	רצה	Gefallen haben an ni wohlgefällig aufgenommen werden	Ti*rza* תִּרְצָה „sie ist freundlich“, „die Liebliche, Gefällige?“ (zeitweilige Königsstadt des Nordreichs); E: es ist nicht *ratsa*m, an der Lüge Gefallen zu haben (vgl. Ps 62,5)
	רָצוֹן	Wohlgefallen	E: an der Opfer*ration* Wohlgefallen haben
	כִּרְצוֹנוֹ	◦ nach seinem W.	
105	מדד	q pi *messen* ni	B: *messen*; B: *Maß*
	מִדָּה	Ausdehnung, *Maß*	Ba: gr. μέτρον; >*Met*er
	אִישׁ מִדָּה	◦ ein hochgewachsener Mann	
	קטן	klein/gering sein hi	B: *Katze*, *Kat*er; E: Klein*kat*ze; kleiner schweizer *Ka*n*ton*; :: גדל, גָּדוֹל 643
	קָטֹן/קָטָן	klein	
	מִקָּטֹן וְעַד גָּדוֹל	◦ vom Kleinsten bis zum Größten	

B: Brunner, Ba: Baader, E: Eselsbrücke

Nr.	Hebräisch	Bedeutung	Merkhilfe
104	תָּמִיד	regelmäßig, beständig	E: regelmäßiger *Termit*enbefall;
	עֹלַת תָּמִיד	◦ regelmäßiges Brandopfer	Ba: vgl. ⁺תמם 155
103	בָּמָה	Anhöhe, Kulthöhe	*βῆμα* „Stufe, Steintribüne"; *Bima* בִּימָה (erhöhter Platz mit Lesekanzel in der Synagoge);
	כֹּהֵן בָּמוֹת	◦ Höhenpriester	Ba: *Bühne*
	גאל	auslösen, erlösen ni	E: die Mannschaft durch ein *goal* (engl. „Tor") erlösen
	גֹּאֵל	◦ Pt. auch: Auslöser, Erlöser	
	גֹּאֵל הַדָּם	◦ Bluträcher	
	רוּץ	laufen; hi eilig bringen	B: lat. *rūere* „rennen, eilen"; E: laufende *Rotz*nase
	רָץ	◦ Pt. auch: Läufer	
102	זִמֵּר	pi singen, (Instrument) spielen	E: *Sommer*singen; jidd. Klezmer /Klesmer *aus* כְּלֵי זֶמֶר „Gefäße des Liedes = Musikerinstrumente > Musiker, instrumentale Musik"; כְּלִי 325
	מִזְמוֹר	Psalm	
	מִזְמוֹר לְדָוִד	◦ ein Psalm Davids	
	מִזְמוֹר לְתוֹדָה	◦ ein Psalm zum Lobopfer	
	שׁכח	vergessen ni	E: vergessen = *schlecht* be*h*alten
101	מְעַט	wenig	E: wenig an *Met*ern; trinkt vom *Met* wenig!
	עוֹד מְעַט/ כִּמְעַט	◦ beinahe, ein wenig	
	רֹחַב	Breite, Weite	E: *Reichweite*; *Rehab*eam רְחַבְעָם „עָם (Gottheit?) hat weit gemacht" (vgl. Ps. 31,9);
	אָרְכּוֹ וְרָחְבּוֹ (å)	◦ seine Länge und Breite	Ba: vgl. ⁺רכב 198
	רָעָב	Hunger, Hungersnot	E: er *raub*te des Hungers wegen

	Hebräisch	Bedeutung	Eselsbrücke
99	עוֹר	Haut, Fell, Leder	Ba: *cor*ium „Fell, Haut", *car*o „Fleisch" E: p*o*rige Haut
98	חלה חִלָּה פָּנִים חֳלִי	q ni hit schwach/krank sein hi hit ◦ pi besänftigen, umschmeicheln Krankheit	jidd. kranker *Gaul* (< Pt. חֹלֶה Chole) *Cholera* חֳלִי רַע ?
	חֲמוֹר	Esel (männlich)	*Hemor* (Gn 33f.); E: *Hemor*s Esel; f. אָתוֹן *Esel*in 34
97	II צרר צֹרֵר צַר II, צָר	anfeinden, Nebenfrau sein ◦ Pt. Feind Feind	E: *zerr*en und anfeinden E: am Feind *zerr*en E: *Zar*enfeind
	שֵׁרֵת מְשָׁרֵת	pi dienen ◦ Pt. auch: Diener	E: dem Fort*schr*i*t*t dienen
96	שׁבה שְׁבִי	gefangen wegführen ni Wegführung	Ba: engl. *shift* „(weg/ver)*sch*ie*b*en"; E: weg*sch*a*ff*en
95	אֹרֶךְ אֹרֶךְ יָמִים	Länge ◦ langes Leben	Ba: dt. *Reich*weite, *Rich*tung, gr. ἔρχομαι „(her/hin)kommen, (weg)gehen"
94	הפך	umkehren, verwandeln ni	Ba: *feig*; E: *hab ach*t, kehr um!; *Kafk*a: Die Verwandlung
	חָלָל חַלְלֵי־חֶרֶב	durchbohrt, getötet ◦ vom Schwert Erschlagene	Ba: *Hal*s, ?gr. *κάλ*αμος (Getreide-) Halm, (Schilf)Rohr, Schreibfeder"
	מִלֵּט	pi retten ni	Ba: gr. *λυτρ*όομαι „ er*lös*en, erretten", *λύ*ω *lös*en, *λύσ*ις, dt. *Lös*ung,; E: *Malt*a (in deren Nähe Paulus gerettet wurde, Act 27,1-28,1), *Milet*
	עֹז בִּזְרוֹעַ עֻזְּךָ	Stärke, Macht, Schutz ◦ mit deincm mächtigen Arm	*Us*ija עֻזִּיָּה(וּ) „JHWH ist Schutz", *Gaza* עַזָּה „starke/ befestigte (Stadt)"; Ba: gr. *οὐσ*ία „Sein, Vermögen, Besitz"

	פעל פֹּעַל	machen, tun Tat, Werk, Tun	Modifikationsbezeichnungen: hi = *Hif'il* הִפְעִיל, pi = *Pi'el* פִּעֵל usw.; Ba: franz. *faire* „tun“
93	זנה זוֹנָה	q hi huren hi ◦ Pt. auch: Hure	Ba: engl. *sin*, dt.*sün*digen, *Sün*de
92	חלם חֲלוֹם בַּעַל הַחֲלֹמוֹת	q hi träumen Traum ◦ der Träumer	Ba: *schlummern, Schlummer*; E: Beim *Schlummern* träumen; Traum beim *Schlummern* (= Josef, Gn 37,19)
	יִסַּר, יסר מוּסָר לֹא לָקְחוּ מוּסָר	pi zurechtweisen, züchtigen, q unterweisen ni nit sich warnen lassen Züchtigung, Zucht ◦ sie nehmen keine Zurechtweisung an	E: *Jeser* zurechtweisen E: Züchtigung *mus*s e*r* erleiden
	כֶּרֶם	Weingarten, Weinberg	(Berg) *Karm*el (הַ)כַּרְמֶל „Baumgarten (mit Obst- und Weinbestand)“
	קלל קַל	q ni leicht/schnell/gering sein hi pi verächtlich machen, verwünschen pu Pt. = Adj. leicht, schnell, gering	*Qal* = Q = q: Modifikation ohne Zusätze, d. h. leichter Verbstamm; B: lat. *cel*er „schnell“
91	זְרוֹעַ זְרוֹעַ יְהוָה זְרֹעוֹת	(Unter)Arm, Macht ◦ der Arm JHWHs ◦ Pl. Streitkräfte	Ba: +זרע 285 „mit dem Arm aussäen“ (oft für JHWHs Gerichtshandeln)
	כְּרוּב	*Kerub*	(geflügeltes Mischwesen)
	נדר נֶדֶר/נֵדֶר שִׁלֵּם נֶדֶר	geloben Gelübde ◦ Gelübde erfüllen	E: ein Gelübde *nieder*schreiben;

	סגר	q hi verschließen ni pu q hi ausliefern, preisgeben	E: *sicher* verschließen; Sieg*er*n ausliefern
	זָהָב סָגוּר	◦ q Pt. p Feingold	< verschlossenes, gediegenes Gold
90	הִשְׁמִיד	hi ausrotten, vertilgen	E: zer*schmet*tern
88	חרב	austrocknen, trocken sein hi pu; in Trümmern liegen ni hi ho	Berg *Horeb* חֹרֵב, חוֹרֵב (liegt in der Wüste)
	חָרֵב	trocken, wüst	E: *h*e*rb*er, sehr trockener Wein
	חָרְבָּה (*å*)	Trümmerstätte	E: Sc*h*e*rb*en bei der Trümmerstätte
	שֶׁקֶל	Gewicht, *Schekel*	Ba: *Scheck*
87	אסר	binden, fesseln ni	E: (Kränze) für den B*asar* binden
	וַיֶּאְסֹר אֶת־רִכְבּוֹ	◦ er spannte seinen Wagen an	+רֶכֶב 198
	אָסִיר/אַסִּיר	Gefangener	
	דֶּלֶת; דְּלָתוֹת	Tür	Buchstabe ד *Dalet*, von דֶּלֶת abgeleitet; *Delta*
	דַּלְתוֹת נְחֹשֶׁת	◦ eherne Pforten	
	דְּלָתַיִם	◦ Du. Doppeltür	
	נִקָּה	ni q schuldlos sein, straffrei bleiben; pi ungestraft lassen, lossprechen	E: *nix a*ls schuldlos sein;
	נָקִי(א)	unschuldig, frei (von Verpflichtung)	E: *nackig* und unschuldig (Gn 2,25)
	עָנָן	Gewölk, Wolke	E: Wolkenb*ahnen*
	עַמּוּד עָנָן	◦ Wolkensäule	
	קֶדֶם	vorn, früher, Vorzeit, Osten	E: *K*un*d*e vo*m* Osten
	קֵדְמָה	◦ nach Osten	s. auch zu +יָמִין 144
	מִקֶּדֶם	◦ seit jeher	

Nr.	Hebräisch	Bedeutung	Herleitung
86	למד	lernen; pi lehren	Ta*lmud* „Lehre“ (Sammelwerk rabbinischer Schriftauslegung)
	רנן	q hi pi jubeln, schreien hi	E: *r*u*m*oren
	רִנָּה	lauter Ruf: Jubel, Klage	E: *Rumor, r*e*in*er Jubel, *r*e*in*e Klage
	פֵּאָה	Seite, Rand, Schlä*fe*	E: *P*i*a*’s Schläfe
	פְּאַת צָפוֹן	∘ Nordseite	
85	הָמוֹן	Lärm, Menge, Reichtum	E: *ha*r*mon*ischer Lärm
	הֲמוֹן גּוֹיִם	∘ eine M. von Völkern	
	קִנֵּא	pi eifersüchtig sein, eifern hi	E: *K*ai*n* war eifersüchtig (Gn 4); B: *cōnā*rī „sich anstrengen, versuchen“; vgl. +קנה 160
	קַנָּא/קַנּוֹא	eifersüchtig	
	קִנְאָה	Eifer, Eifersucht	
84	מָחָר	morgen	Ba: aus יוֹם + אַחֵר „Tag danach“; 2301+228; E: *mach* e*r*’s morgen!
	מָחֳרָת (*å*)	folgender Tag	
	מִמָּחֳרָת	∘ am folgenden Tag	
83	מִהֵר	pi eilen; mit 2. Verb: schnell (tun)	B: lat. *mā*nē „früh“; Ba: engl. *har*ry „eilen“; dt. *hur*tig, *Hast*; E: Macher hasten und eilen
	מַהֵר	∘ Inf. abs. = Adv. schnell	
	שִׁית	setzen, stellen, legen	*Set* שֵׁת „Ersatz“; Ba: gr. τίθημι „setzen, stellen, legen“
82	זָכָר	Mann, männlich	E: si*cher* männlich, männliche Ma*sker*ade
	פלא: נִפְלָא	ni wunderbar sein hi	
	נִפְלָאוֹת	∘ Pt. Wundertaten	E: Wunderstürmer *Pele* (brasilianischer Jahrhundertfußballer)
	פֶּלֶא	Wunder	
81	הִסְתִּיר	hi verbergen ni=hit	Ba: My*ster*ium, my*st*isch
	הִסְתִּיר פָּנִים	∘ sein Angesicht verbergen = ungnädig sein	
80	אָוֶן	Unheil, Frevel	E. *abn*ormer Frevel
	פֹּעֲלֵי אָוֶן	∘ Übeltäter	

B: Brunner, Ba: Baader, E: Eselsbrücke

	אֲרִי/אַרְיֵה	Löwe	*Ari*ël אֲרִיאֵל „Herd Gottes“ (= Jerusalem, Jes 29,1) oder „Löwe Gottes“?, „Gott ist ein Löwe“? (vgl. Am 1,2)
	הֵיכָל הֵיכַל קָדְשׁוֹ	Palast, Tempel, Hauptraum (des Tempels) ◦ sein heiliger Tempel	sumerisch/akkadisches Lehnwort: „großes Haus“; Ba: dt. *Hal*le
	הֶחֱרִים חֵ֫רֶם	hi bannen, weihen ho Bann, Banngut	*Harem* „geschützter Bereich; Frauenabteilung, Zutritt für Männer verboten“, arab. *ḥarā́m* „verboten“
	חֹ֫שֶׁךְ וְלַחֹשֶׁךְ קָרָא לָיְלָה	Finsternis ◦ aber die Finsternis nannte er Nacht	Ba: gr. *σκότος* „Finsternis“, dt. *Scha*tten; :: +אוֹר 184 Gn 1,5)
	מכר מֹכֵר	verkaufen ni ◦ Pt. auch: Verkäufer	E: *Merk*antilismus; :: +קנה, קָנָה 160
	משל (בְּ) מֹשֵׁל	herrschen (über) hi ◦ Pt. auch: Herrscher	E: als *Ma*r*schal*l herrschen
	עוּר	erregt sein, aufwachen ni; hi=pol	Ba: gr. *ἐγείρω* „aufwecken“; lat. *or*tus Aufgang (von Gestirnen), dt. *Or*ient
	רוּעַ: הֵרִ֫יעַ תְּרוּעָה	hi schreien, jauchzen, (Kriegslärm) blasen Lärm	B: *ru*moren B: *Ru*mor
	הִשְׁקָה מַשְׁקֶה	hi tränken ◦ Pt. auch: Mundschenk, Getränk	E: ein*sch*en*k*en; רַב־שָׁקֵה Rab-Schake „Obermundschenk“ (assyrischer Beamtentitel; 16x); vgl. +שׁתה 263
79	אוֹצָר בֵּית אוֹצָר	Schatz ◦ Schatzhaus	Ba: vgl. +עֹשֶׁר 60; E: *O zar*ter Schatz!
	אוֹת	Zeichen	E: Notzeichen

B: Brunner, Ba: Baader, E: Eselsbrücke

	יבשׁ	trocken sein, austrocknen hi=pi	B: ver*wes*en
	יָבֵשׁ	vertrocknet, verdorrt	יָבֵשׁ גִּלְעָד *Jabesch* „(Ort mit) trocken(em Boden)“ in Gilead
	יַבָּשָׁה	trockenes Land	
	וַיִּקְרָא אֱלֹהִים	◦ Gott nannte	
	לַיַּבָּשָׁה אֶרֶץ	das trockene Land Erde	(Gn 1,10)
	קִוָּה	pi q harren, hoffen	Ba: lat. *cup*ere „wünschen, verlangen, begehren“; *Cup*ido (Liebesgott)
	תִּקְוָה	Hoffnung	הַתִּקְוָה (isr. Nationalhymne)
	שׁוֹר; שְׁוָרִים	Rind, *Stier*	Ba: gr. *ταῦρ*ος, lat. *taur*us, *St*ier
	שׁחט	*sch*lach*t*en ni	*schächt*en; jidd. „Mehr Schochtim (Schächter שֹׁחֲטִים) als Hühner!“ (= Überangebot an Arbeitern); vgl. Ba: שַׁחַת 162
77	גּוֹרָל	Los(steinchen)	Koralle? Ba: gr. *κλῆρ*ος „Los“
	וַיַּשְׁלֵךְ גּוֹרָל	◦ er warf das Los	
76	בַּרְזֶל	Eisen	בַּרְזִלַּי *Barsillai* „eisern“? rotw.: wo *Bartel* (Brech-eisen) das Moos (Geld, Mäuse < מֵאוֹת „Hunderte“) holt
	נְחֹשֶׁת וּבַרְזֶל	◦ Erz und Eisen	
	קֶשֶׁת	Bogen	E: Köcher mit Bogen
	בֶּן־קֶשֶׁת	◦ Pfeil	
75	מאס	verwerfen ni	E: als zu *maß*voll verwerfen;
	בְּחַרְתִּיךָ	◦ ich habe dich erwählt	B: gr. *μή* „nein“, vgl. מֵאֵן 46;
	וְלֹא מְאַסְתִּיךָ	und nicht verworfen (Jes. 41,9)	jidd. *mies* „schlecht“, ver*mies*en „verleiden“
	ערך	zurichten, ordnen, (ver)gleichen hi einschätzen	Ba: *he*r*rich*ten, *ar*rangieren; E: mit *Erich* vergleichen; *Erich* gleichen
	וַיַּעַרְכוּ מִלְחָמָה	◦ sie rüsteten zum Kampf	
	קֶרֶן f.; קַרְנַיִם	*Horn*, Macht	Ba: lat. *cor*nū, dt. *Horn*, vgl. *Krone*
	שָׁלָל	Beute, Gewinn	E: *schal*er Gewinn

B: Brunner, Ba: Baader, E: Eselsbrücke

74	מִזְרָח, מִזְרַח הַשֶּׁמֶשׁ	(der) Sonnenaufgang, Osten	E: *missra*tener Sonnenaufgang
	סֶלָה	*Sela*	(liturgische Angabe im Psalter)
	עֵז; עִזִּים	Ziege	E: *Geiß*
	צוּר יְהוָה צוּרִי	Fels ◦ JHWH ist mein Fels	צוֹר *Tyrus* (vor Alexander dem Großen eine felsige Insel)
73	אֶרֶז אַרְזֵי הַלְּבָנוֹן	Zeder ◦ die Zedern des Libanon	(Staatssymbol des Libanons); E: Zedern*harz*; anders: אֶרֶץ *Erde* 2504
	הֶבֶל הֲבֵל הֲבָלִים הַכֹּל הָבֶל: הֲבָלִים	Hauch, Nichtigkeit ◦ völlige Nichtigkeit, alles ist Nichttigkeit (Qoh 1,1) ◦ Pl. sonst: Götzen	*Abel* הָבֶל; B: *weh*en jidd. Sprichwort: Erst nachdem König Salomo alles mitgemacht hat, hat er gesagt: הַכֹּל הָבֶל.
	קִיר	Wand, Mauer	E: *Kir*chhofsmauer
72	f. בֶּטֶן	Bauch, Mutterleib, Inneres	B: lat. *ut*erus; *ven*ter, dt. *Wanst*
	רחץ וַיִּרְחֲצוּ רַגְלֵיהֶם	waschen ◦ sie wuschen ihre Füße	E: von *rechts* waschen
	שׁוֹפָר תקע בַּשּׁוֹפָר(וֹת)	Widderhorn ◦ ins Horn stoßen	*Schofar*horn blasen
71	חזה חֹזֶה	schauen ◦ Pt. auch: Seher	*Ḥasa*ël חֲזָאֵל „Gott hat geschaut"; Ba: engl. *gaze* „(an)starren"
	עוֹף עוֹף הַשָּׁמַיִם	Vögel ◦ die Vögel des Himmels	E: L*auf*vogel
	שֻׁלְחָן	Tisch	E: Tisch in Schluchten (vgl. Ps. 23)

70	זָר אֵל זָר	fremd, unerlaubt, Nichtisraelit ◦ ein fremder Gott	E: fremdes *Saar*land
	כְּסִיל	töricht, Tor	E: Ge*qu*as*sel* = törichtes Geschwätz
69	נבט: הִבִּיט	hi aufblicken, schauen	E: auf *Nabot* schauen (vgl. 1R 21)
68	עֵמֶק	Talgrund, (Tal)Ebene	Ebene Jesreel עֵמֶק יִזְרְעֶאל „Gott sät“; E: *Imk*erebene
	תקע תקע בַּשּׁוֹפָר(וֹת)	schlagen ◦ ins Horn stoßen	E: *Tak*t schlagen; *Tekoa* תְּקוֹעַ „(Ort des) Aufschlagen(s der Zelte)“; Heimatstadt des Amos
67	פרשׂ פרשׂ כַּפָּיו אֶל־יְהוָה	q pi ausbreiten, (aus)spannen ◦ seine Hände zu JHWH ausbreiten = zu J. beten	E: vor der *Pr*e*s*se ausbreiten; B: gr. *σπείρω* „streuen, säen“; Ba: gr. *πρός* „zu, zu … hin“
	רפא רֹפֵא אֲנִי יְהוָה רֹפְאֶךָ׃	q pi heilen ni hit ◦ Pt. auch: Arzt Ich bin JHWH, dein A.	רְפָאֵל *Rafa*ël „Gott (hat ge)heilt“ (Ex 15,26)
65	ברח	fliehen hi	B: *ver*tere „drehen, wenden“ E: auch *Brech*t musste fliehen
	יְאֹר; יְאֹרִים	Fluss, (meist:) Nil; Pl. meist: Nilarme	
	נִצַּח מְנַצֵּחַ: לַמְנַצֵּחַ	pi leiten, dirigieren ◦ Pt. für den Musikmeister, Dirigenten?	E: in *Nizza* dirigieren (Angabe am Beginn eines Psalms)
	צלח וְכֹל אֲשֶׁר־יַעֲשֶׂה יַצְלִיחַ	eindringen, gelingen hi, Erfolg haben ◦ und alles, was er anpackt, gelingt (Ps 1,3)	*Hals*- und Bein*bruch* (< jidd. *hazloche* un *broche* הַצְלָחָה וּבְרָכָה „Glück und Segen!“)
	f. שְׁאוֹל ירד שְׁאֹלָה	Totenreich ◦ ins Totenreich hinabfahren (= sterben)	*Scheol*, Ba: dt. *Höl*le

B: Brunner, Ba: Baader, E: Eselsbrücke

	הִשְׁכִּים	hi sich früh aufmachen; mit 2. Verb: früh/eifrig/ immer wieder (tun)	E: sich zur Früh*sch*i*ch*t aufmachen
	תפשׂ	ergreifen ni	E: *ertap*p*s*t du ihn, ergreife ihn!
63	ארר, אָרַר אָרוּר	q pi verfluchen ni ho ◦ Pt. pass. verflucht	B: gr. ἄρα „Gebet, Fluch“, lat. *ora*re „reden, beten“, :: +בֵּרַךְ, בָּרוּךְ 398 „segnen“, auch euphemistisch für „fluchen“ (1R 21,10; Hi 1,5)
	גִּבְעָה	Hügel	*Gibea* in Benjamin (Geburts- und Wohnort Sauls, daher auch *Gibea* Sauls); Ba: dt. *Kup*pe
	יצר	formen, bilden ni ho	E: *Z*ie*r*form, *Z*e*r*rbild
	וַיִּיצֶר יְהוָה אֱלֹהִים אֶת־הָאָדָם עָפָר מִן־הָאֲדָמָה	◦ JWHW-Elohim bildete den Menschen aus Staub von dem Erdboden	(Gn 2,7)
	יוֹצֵר	◦ Pt. auch: Töpfer	
	יוֹצֵר אוֹר וּבוֹרֵא חֹשֶׁךְ	(Ich bin JWHW …,) der das Licht bildet u. die Finsternis erschafft	(Jes 45, 6f.)
	כשׁל	q ni straucheln hi ho	E: beim *K*a*sch*e*l*n (= Schlittern) straucheln
	נצר	beobachten, hüten	E: *n*a*s*se*r* Hut
	נֹצֵר	◦ Pt. auch: Wächter	
	קרע	(zer)reißen ni	E: *krach*en
	וַיִּקְרַע אֶת־בְּגָדָיו	◦ er zerriss seine Kleider	(Trauerritus)
	שִׁפְחָה	Sklavin, Magd	E: *Schiffs*sklavin; etymologischer Bezug zu מִשְׁפָּחָה 303?
62	חַג/חָג, הֶחָג	Fest	Haggai חַגַּי „am Fest geboren“
61	אֶבְיוֹן עָנִי וְאֶבְיוֹן	arm ◦ elend und arm	Ebioniten („die Armen“; Judenchristen, die bis ins 5. Jh. im Nahen Osten lebten); אבה (לֹא) 54 ?

B: Brunner, Ba: Baader, E: Eselsbrücke

60	חָמָס אִישׁ חָמָס/חֲמָסִים	Gewalttat ◦ gewalttätiger Mensch	E: wird Ra*che* *maß*los, erzeugt sie Gewalttat
	סֶלַע יְהוָה סַלְעִי	Fels, Felsen ◦ JHWH ist mein Fels	E: (Kletter)*Se*i*l* *a*m Felsen
	עָשִׁיר עֹשֶׁר	reich, Reicher Reichtum	E: (ein =) *a* *schier* unendlich reicher Mann (vgl. 1S 25,2f; Ba: vgl. אוֹצָר 79
	הִשְׂכִּיל מַשְׂכִּיל	hi Einsicht zeigen hi q Erfolg haben ◦ Pt. einsichtig, erfolgreich	B: *se*h*en*; Ba: gr. σκολή, lat. *scho*-*l*a, engl. *sch*o*o*l, dt. *Sch*u*l*e
59	יכח: הוֹכִיחַ	hi feststellen, was recht ist: zurechtweisen, entscheiden	jidd. *Moochiach* (Pt.) straf Diach! (= Strafprediger, lebe es selbst vor!)
58	בער I	brennen hi=pi pu	E: *ver*brennen (=hi=pi)
	חדל	aufhören, ablassen	E: vom *H*an*d*e*l*n ablassen
	נטע וַיִּטַּע יְהוָה אֱלֹהִים גַּן־עֵדֶן מִקֶּדֶם	pflanzen ni ◦ JHWH-Elohim pflanzte den Garten Eden im Osten	E: *n*e*tte* Pflanze (Gn 2,8)
	פדה מִבֵּית עֲבָדִים פְּדִיתִיךָ	auslösen, befreien ◦ aus dem Sklavenhaus habe ich dich erlöst	E: *Pad*d*y* (Patrick) auslösen und befreien; vgl. בדל: הִבְדִּיל 42 (Mi 6,4)
57	גנב לֹא תִּגְנֹב גַּנָּב	q pi stehlen ni pu hit ◦ du darfst nicht stehlen Dieb	 (Ex 20,15; vgl. Dt 5,19) *Gannove*
56	אָמָה; אֲמָהוֹת	Sklavin, Magd	E: Mari*a*, *Ma*gd des Herrn (Lk 1,38)
55	אַלְמָנָה יָתוֹם וְאַלְמָנָה	Witwe ◦ Waise und Witwe	E: Witwen-*Almana*ch
	גֶּפֶן	Ranke, Rebe, Weinstock	E: Reben erge*ben* Wein

B: Brunner, Ba: Baader, E: Eselsbrücke

	עָמָל	Mühe, Arbeit	Ba: lt. *emer*ere „sich Verdienste erwerben"; *Emer*itus
	שֵׁן; שִׁנַּיִם	*Zahn*, Du. Zähne (der beiden Zahnreihen)	Buchstabe ש *Schin,* von שִׁנַּיִם abgeleitet; Ba: *Zahn*
54	(לֹא) אבה	(nicht) *w*ollen	? אֶבְיוֹן *61*, E: abholen wollen
	גָּמָל; גְּמַלִּים	*Kamel*	Buchstabe ג *Gimel* davon abgeleitet
	דבק	dicht dran sein: (sich) heften an hi	
	וְדָבַק בְּאִשְׁתּוֹ	◦ er (der Mann) wird an seiner Frau hängen	(Gn 2,24); E: an dem Werk Gottes hängen
	דְּבַשׁ	Honig	E: vgl. *Deb*ora דְּבֹרָה „Biene"
	אֶרֶץ זָבַת חָלָב וּדְבָשׁ	◦ ein Land, das von Milch und Honig überfließt	
	חֵץ	Pfeil	E: hetzen = Giftpfeile abschießen
	קֶשֶׁת וְחִצִּים	◦ Bogen und Pfeile	
	חתת; נִחַת, הֵחַת	q ni niedergeschlagen/ erschreckt sein hi zerschmettern, erschrecken	Ba: gr. κατά „hinab"
	אַל־תֵּחַת	◦ ni sei nicht mutlos!	
	שְׂמֹאל/שְׂמֹאול	linke Seite, links, nördlich	arab. *ša/imāl* „links, Norden", aš-*šām* „Syrien, Damaskus" (nördlich von Mekka); :: +יָמִין 144 „rechts, Süden" (s. dort)
53	יצק, הֵצִיק	q hi ausgießen ho	E: Zink-Gießkanne
	מַצָּה	ungesäuertes Brot	*Matze*
	חַג הַמַּצּוֹת	◦ das Fest der ungesäuerten Brote	
	צֵל	Schatten	E: im Schatten *chil*len; Ba: *Zel*t (das Schatten gibt), vgl. הֵצִיל 213
	בְּצֵל כְּנָפֶךָ	◦ in/unter dem Schatten deiner Flügel	
	שָׁוְא	Trug, Wertlosigkeit	davon abgeleitet: שְׁוָא Sch^{e}wa (Vokallosigkeit als Sch^{e}wa quiescens)
	לַשָּׁוְא	◦ vergeblich, unnütz	

B: Brunner, Ba: Baader, E: Eselsbrücke

51	אֱוִיל	töricht, Tor	E: ver*äppeln*
	אִוֶּלֶת	Torheit	E: Ver*äppelung*
	בקע	q pi spalten ni=hit pu q hi erobern ni ho pu	B: lat. *vagina*; gr. πηγή „Quelle“; dt. *Picke* (= Spitzhacke)
	כִּבֵּס	pi waschen, walken pu hot	E: Wasch*kippe*
50	בְּתוּלָה	Jungfrau	E: Jungfrau (in =) בְּ *Tula* (Stadt in Russland)
	בְּתוּלַת יִשְׂרָאֵל	◦ Jungfrau Israel	
	תעה	umherirren, *ta*umeln hi	
49	ישׁן	schlafen	E: schlaf *ja schön*!
	יָשֵׁן	Pt. = Adj. schlafend	
	שֵׁנָה	Schlaf	E: *sch*ö*n*er Schlaf
	נגף	stoßen, schlagen ni hit	Ba: gr. κόπτω „schlagen“, vgl. +נגע 228, +נכה > הִכָּה 547
	פֶּסַח	*Passa*, *Passa*opfer	
	חַג הַפֶּסַח	◦ das *Passa*fest	
	צחק/שׂחק	q pi lachen, spielen	Isaak יִשְׂחָק/יִצְחָק „(Gott) hat gescherzt“; jidd. > rotw. *zock*en „Glücksspiele spielen“; abzocken „abkassieren“; :: בכה 114
48	ברא	(er)schaffen ni	B: dt. *bohr*en E: Gottes Wort *bra*chte das Licht hervor, als er den Kosmos erschuf. (vgl. Gn 1,1.3);
	בְּרֵאשִׁית	◦ Am Anfang	
	בָּרָא אֱלֹהִים	schuf Gott	
	אֵת הַשָּׁמַיִם	Himmel	
	וְאֵת הָאָרֶץ׃	und Erde (Gn 1,1)	
	דַּל	gering, hilflos, elend	Simson und *Dal*ila דְּלִילָה „die Kleine, Dünne“?
	נְבֵלָה	Leichnam, Aas	E: Aas im *Nebel*
	שַׂק	*Sack*, Trauerschurz	
	שַׁדַּי	*Schaddai*	„der Allmächtige“? (Gottesbezeichnung)
	אֵל שַׁדַּי	◦ *El Schaddai*	

B: Brunner, Ba: Baader, E: Eselsbrücke

47	כִּזֵּב	pi q lügen hi der Lüge überführen ni	E: Lügen*kasp*er; Bar-*Kosib*a (aram.) „Lügensohn“ (falscher Messias; rabbinische Bezeichnung für Simeon nach dessen Niederlage durch die Römer
	כָּזָב	Lüge	135 n. Chr.; vgl. כּוֹכָב 37
	מָתְנַ֫יִם (*å*)	Lendengegend, Hüften und Kreuz	E: neue, *mod*erne Hüften
	עֵ֫גֶל	Jungstier, Ka*l*b	עֶגְלוֹן Kä*l*bchen (Name des Richters *Eglon,* Jdc 3);
	עֶגְלָה	Jungkuh, weibl. Ka*l*b	Ba: *agil* „beweglich“
	רצח	q pi töten, morden ni	E: ma*r*ti*a*lis*ch* töten
	לֹא תִּרְצָח׃	◦ du darst nicht morden	(Ex 20,13; Dt 5,17)
	מְרַצֵּ֫חַ	◦ pi Pt. Mörder	
	שֶׂה, שֵׂיֵהוּ=שֵׂיו	einzelnes junges Schaf / einzelne junge Ziege	E: ge*zäh*mtes junges Schaf; :: צֹאן „Kleinvieh (Schafe und Ziegen)“ 274
46	מֵאֵן	pi sich weigern	B: gr. *μή* „nicht“, vgl. אַ֫יִן 789, מאס 75
	סלח	vergeben ni	B: lat. *sōl*ārī „trösten, lindern“; E: gewiss*l*i*ch* vergeben
	סלח לַעֲוֹן הָעָם	◦ die Sünde des Volkes vergeben	
	פרר: הֵפֵר (בְּרִית)	hi (Verpflichtung/Bund) *br*echen	:: כרת בְּרִית 288
	קשב, הִקְשִׁיב	hi aufmerken, hinhören q aufmerksam sein	E: *ga*nz *sch*arf hinhören
	בְּנִי לִדְבָרַי הַקְשִׁ֫יבָה	◦ mein Sohn, höre auf meine Worte! (Prv 4,20)	
43	דִּין	jmd. Recht verschaffen, richten, ni sich streiten	*Dan*iel דָּנִיֵּאל/דָּנִאֵל „Gott hat Recht verschafft“, *Dan* דָּן „(Gott) …“; E: dem *Dien*er Recht verschaffen
	דִּין	Rechtsfall, -anspruch	*Dina* דִּינָה „gerechtes Urteil“
	יֹדֵ֫עַ צַדִּיק דִּין עָנִי	◦ der Gerechte kennt das Recht des Elenden	(d. h. verhilft ihm zum Recht und verteidigt es, Prv 29,7)

B: Brunner, Ba: Baader, E: Eselsbrücke

	הרה וַתַּהַר וַתֵּלֶד בֵּן	empfangen, schwanger sein ◦ sie wurde schwanger und gebar einen Sohn	Ba: Schwangere (< „Leib-Bergige"; הַר *558*)
	נֵצַח/נֶצַח לָנֶצַח	Glanz, Dauer ◦ für immer	E: Beim Mondesglanz aufs Fang*netz ach*ten (vgl. Luk 5,5)
42	הִבְדִּיל	hi trennen, aussondern ni pass./refl.	B: *beiß*en; E: ab*teil*en
	זוּב אֶרֶץ זָבַת חָלָב וּדְבָשׁ	fließen ◦ ein Land, das von Milch und Honig überfließt	B: *tau*en; E. *s*ü*f*fig fließen
	יָפֶה, f. יָפָה אִשָּׁה יְפַת מַרְאֶה	schön ◦ eine schöne Frau; e. F., schön von Gestalt	*Japho* (יָפוֹ(א, gr. Ἰόππη *Joppe*, dt. *Jafa* „die Schöne" (Hafenstadt am Mittelmeer, Jon 1,3; Act. 9,36ff.)
	יָתוֹם יָתוֹם וְאַלְמָנָה	(Halb)Waise, Vaterloser ◦ Waise und Witwe	B: gr. τέμνω „(zer)schneiden, trennen", lat. *ton*dere „(ab)scheren"
41	אמץ	q hi stark sein, pi caus. hit	*Amaz*ja (אֲמַצְיָה(וּ „JHWH ist stark"; E: *a* (ein) massig *stark*er Mann; B: vgl. +אָמֵן 303
	בלע	q pi verschlingen ni	E: einen *Blei* verschlingen
40	אֲשֵׁרָה/אֲשֵׁירָה	*Aschere*	(Göttin, Gefährtin Baals 161; Kultpfahl)
	נוּעַ הֵנִיעַ ראשׁ	schwanken, heimatlos sein hi ◦ hi den Kopf (zum Hohn) schütteln	E: im *Nu* schwanken und heimatlos sein
	עֹל, עֻלִּי	Joch	E: *ol*les *Joch*; volksetymologisch „Auferlegtes", siehe עַל §2.2, עלה ho 1370
39	מָשָׁל מִשְׁלֵי שְׁלֹמֹה	Spruch ◦ die Sprüche Salomos	E: Bei einem Spruch darf man weder *n*u*sc*he*l*n noch *ma*u*sche**l*n משלי Buchtitel: Proverbia
38	זַיִת	Ölbaum, Olive	E: grün*seit*ige Olive

B: Brunner, Ba: Baader, E: Eselsbrücke

37	בְּאֵר	Brunnen	*Beer*scheba בְּאֵר שֶׁבַע „Schwurrunnen“ oder „Sieben (Lämmer-) Brunnen“; E: gebohrter Brunnen = *B*oh*r*brunnen
	כּוֹכָב	Stern	Bar-*Kochb*a (aram.) „Sternensohn“ (Ehrenname (Nu 24,17) für Simeon, Anführer des Aufstands 132–135 n. Chr.); vgl. auch +כָּזָב 47
36	נִסָּה	pi prüfen, versuchen, auf die Probe stellen	מַסָּה *Massa* („Ort der Prüfung/ Versuchung“ in der Wüste Ex 17,7)
	וְהָאֱלֹהִים נִסָּה אֶת־אַבְרָהָם	◦ … versuchte Gott Abraham	(Nach diesen Ereignissen …, Gn 22,1)
	f. תֵּבֵל	Festland, Erdkreis	E: der mat*te, wel*ke Erdkreis Jes 24,4)
	תֵּבֵל וּמְלֹאָהּ	◦ der Erdkreis und was ihn füllt ist	
	תְּהוֹם	Flut, Tiefe, Urflut	*Tiam*at (mythische Chaosmacht: Salzwassermeer, vgl. Gn 1,2)
34	f. אָתוֹן	Eselin	lat. *asin*us „*Esel*“ = m. חֲמוֹר 98
	ינק	saugen hi	E: *nuck*eln
	יוֹנֵק	◦ Pt. auch: Säugling	
	מֵינֶקֶת	◦ hi Pt. auch: Amme	
33	יהב: הַב הָבוּ	nur Imp.: *gib*, *gebt*!; auch Intj.: auf!	
	קיץ: הֵקִיץ/ יִקַץ	hi q erwachen	E: wach-*kitz*eln
	שֹׁרֶשׁ; שָׁרָשִׁים	Wurzel	lies: *šårāšīm*; E: SpitznamE: Wurzel*schorsch*
32	כֶּלֶב	Hund	E: *kläff*en; Kaleb כָּלֵב „der (treue) Hund = Diener (Gottes)“
	נשק	q pi küssen	E: *N*a*s*en*k*uss (ש-ק)
	וַיִּשַּׁק לוֹ	◦ er küsste ihn	

31	ירה I, hi הוֹרָה יוֹרֶה, מוֹרֶה	q hi werfen, schießen ◦ q hi Pt. auch: Schütze	B: *wer*fen
	נאף לֹא תִּנְאָֽף׃	q pi ehebrechen ◦ du darfst nicht e.	E: eine(<u>*n*</u>) <u>*ab*</u>werben (Ex 20,14; vgl. Dt 5,18)
	נָחָשׁ וְהַנָּחָשׁ הָיָה עָרוּם מִכֹּל חַיַּת הַשָּׂדֶה	Schlange ◦ die Schlange aber war listiger als alle Tiere des Feldes (Gn 3,1)	vgl. נְחֹשֶׁת *139*, B: lat. a*ngui*s „Schlange"; E: <u>*nach Asch*</u>e riecht keine <u>Schlange</u>
30	הֵילִיל	*heul*en, klagen	lautmalerisch wie *heulen*
29	לָבָן	weiß	*Laban* (Gn 29-31, *„weiß"*; Mondgott? B: lat. *lun*a), לְבָנוֹן, הַלְּבָנוֹן *Liban*on „(der) weiße (= schneebe-deckte) Berg"; A*lp*en; arab. *lában* „Milch"; Ba: lat. *l*a*v*o „waschen"
28	בער II וּבִעַרְתָּ הָרַע מִקִּרְבֶּֽךָ׃	pi hi wegschaffen, verwüsten ◦ du sollst das Böse aus deiner Mitte austilgen	E: <u>*ver*wüsten</u> (Dt 13,6)
27	חתם	(ver)siegeln	äg. ḫtm „siegeln"; E: mit e<u>*cht*</u>e<u>*m*</u> Ring <u>(ver)siegeln</u>
	יצת, הִצִּית	q hi an*z*ün*d*en, verbrennen ni	E: *z*ün*d*eln
	יָרֵחַ	Mond	äg. *j'ḥ* „Mond(gott)"; Ba: (Mond)*Jahr*; :: שֶׁמֶשׁ „Sonne" 124
	שָׂטָן	Widersacher, Feind	*Satan*
25	אפה אֹפֶה	backen ◦ Pt. Bäcker	E: <u>Back*of*en</u>; Ba: *Af*fen-(< *O*fen)hitze E: Bäcker =Teig*affe*

21	חמד לֹא תַחְמֹד בֵּית רֵעֶךָ	q pi begehren, schätzen ni Pt.begehrenswert ◦ du darfst das Haus deines Nächsten nicht begehren	*Mohammed/Muhammad* arab. „der Gepriesene" (Ex 20,17; vgl. Dt 5,21)
	מְגִלּוֹת; מְגִלָּה	Schriftrolle, Buchrolle	מגלות: Bücher Ruth - Ester
20	שִׁבֹּלֶת/סִבֹּלֶת	Ähre; Strömung, Strom	*Schibboleth* (Erkennungszeichen oder Losungswort nach Jdc 12,6)
	תֹּהוּ תֹּהוּ וָבֹהוּ	Öde, Wüste, Nichtiges ◦ Öde und Leere	*Tohuwabohu* (Gn 1,2); בֹּהוּ 3
16	גְּדִי; גְּדָיִים	Zicklein (Schaf/Ziege)	עֵין גֶּדִי „Zicklein-Quelle"; B: *Kitz*
	יצג: הִצִּיג	hi hinstellen ho	E: *hitzig* hinstellen
15	חָם חָמוֹת	Schwiegervater Schwiegermutter	E: *Ham*burger Schwiegervater
	קדד וַיִּקֹּד וַיִּשְׁתַּחוּ וַיִּקְּדוּ וַיִּשְׁתַּחֲווּ	sich neigen, niederknien ◦ er/sie kniete(n) nieder und beugte(n) sich (zur Erde)	B: lat. *cad*ere „fallen" הִשְׁתַּחֲוָה 170
12	עָרוּם וְהַנָּחָשׁ הָיָה עָרוּם מִכֹּל חַיַּת הַשָּׂדֶה	klug, listig ◦ die Schlange aber war listiger als alle Tiere des Feldes	E: W*arum* klug? D*arum*! (Gn 3,1)
8	אֶלֶף	Rind	= אֶלֶף „1000" §2.1 (unübersehbar große Rinderherde"); Buchstabe א *Alef*, von den Hörnern des Rindes abgeleitet
5	סוֹף	Ende	סוֹף פָּסוּק „Ende des Verses"; jidd.*Zoff* „(böses) Ende, Streit"; E: im *Suff* enden
3	בֹּהוּ תֹּהוּ וָבֹהוּ	Leere, Öde ◦ Öde und Leere	*Tohuwabohu* (Gn 1,2); תֹּהוּ 20
	קטל	töten	E: den *Katal*ysator töten

§4 Sachgruppen
(Namen und Orte siehe §1)

A. Gott, Frömmigkeit, Kult; **B.** Zeit und Raum, Himmel und Erde; **C.** Vegetation, Tier, Mensch; **D.** Grundgegebenheiten des Lebens; **E.** Wohnraum, Arbeit, Beruf; **F.** Volk, König, Gericht, Krieg; **G.** Bewegung, Ruhe; **H.** Wahrnehmung, Sprache, Musik; **J.** Gefühlsäußerungen; Bewertungen

A. Frömmigkeit, Kult

A 1. Gottesbezeichnungen (a), Gott untergebene Wesen (b)

a) Gottesbezeichnungen für JHWH

אֵל ,אֲדֹנָי ,יְהוָה צְבָאוֹת ,יְהוָה רֹעִי ,יְהוָה,
אֵל ,שַׁדַּי ,אֵל עֶלְיוֹן ,עֶלְיוֹן ,אֱלֹהִים ,אֱלוֹהַּ
צוּרִי יְהוָה ;צוּר ,קְדוֹשׁ יִשְׂרָאֵל ,שַׁדַּי.

b) JHWH untergebene Wesen

מַלְאָךְ ,שָׂרָף ,כְּרוּב רוּחַ ,בְּנֵי אֱלֹהִים;
שָׂטָן ,מַלְאַךְ יְהוָה.

A 2. Abgewiesene Gottheiten (a), Gottesbilder (b), Götzenverehrung (c)

a) abgewiesene Gottheiten

בְּנֵי אֱלֹהִים, אֲחֵרִים אֱלֹהִים ,אֱלֹהִים ,אֵל זָר,
לֹא יוּכַל ,אֲשֵׁרָה ,הַבַּעַל ,תֹּעֵבָה ,הֲבָלִים
לְהוֹשִׁיעַ.

b) Gottesbilder: תֹּעֵבָה.

c) Verehrung anderer Gottheiten בָּאֵשׁ
מַצֵּבָה ,כֹּהֲנֵי בָמוֹת ,הֶעֱבִיר.

A 3. Gottes Heiligkeit (a) / Gerechtigkeit (b) und Weisheit (c)

a) Gottes Heiligkeit

קְדוֹשׁ יִשְׂרָאֵל ;קָדוֹשׁ ,קדשׁ,
קָדוֹשׁ קָדוֹשׁ קָדוֹשׁ יְהוָה צְבָאוֹת,
כָל־הָאָרֶץ מְלֹא ,כְּבוֹד יְהוָה ;כָּבוֹד ,קֹדֶשׁ
קִנְאָה קַנָּא/קַנּוֹא ,קִנֵּא ,נוֹרָא ,כְּבוֹדוֹ:.

b) Gottes Gerechtigkeit (↗ F4a) :

צִדְקוֹת יְהוָה ;צְדָקָה ,צֶדֶק ,צַדִּיק ,צדק.

c) Gottes Weisheit (↗ H4a) :

תְּבוּנָה ,(å) חָכְמָה ,חָכָם ;חכם.

A 4. Gottes Gnadenerweise: Schöpfung (a), Gnade, Vergeben (b), Erhören (c), Erwählen, Helfen (d), Rechtsprechung (e)

a) Schöpfung

יצר ,בְּרֵאשִׁית בָּרָא אֱלֹהִים ,ברא:
יוֹצֵר ,וַיִּיצֶר יְהוָה אֱלֹהִים אֶת־הָאָדָם ,יוֹצֵר
מַעֲשֶׂה ,עָשָׂה ,עשׂה: אוֹר וּבוֹרֵא חֹשֶׁךְ,
הִפְלִיא ,קֹנֵה שָׁמַיִם וָאָרֶץ ,קֹנֶה ;קנה;
אוֹת ,פֶּלֶא ,נִפְלָאוֹת.

b) Gnade, Vergeben (↗ A10b; J4)

יְהוָה חַסְדֵי ;חֶסֶד ,טוֹבָה ,f. טוֹב ;טוֹב/יטב,
רַחוּם , רַחֲמִים ,רַחַם ,אֱמוּנָה ,אֱמֶת ,נֶאֱמַן,
חַנּוּן ,נַחֲמוּ נַחֲמוּ עַמִּי ,חנן ,חֵן ,נִחַם pi;
עָוֹן ,סלח לַעֲוֹן הָעָם ,סלח ,חַנּוּן וְרַחוּם יְהוָה
נִקָּה pi ,וְכִפֶּר עָלָיו;כִּפֶּר ,כִּסָּה עָוֹן ,הֶעֱבִיר,
חשׁב ,אֵלַי פְּנֵה ;פנה ,חֵטְא.

c) Erhören (↗ H1a.b; J4)

עוּר ,הִבִּיט ,ראה ,נִמְצָא ,ענה I ,שׁמע,
נִרְצָה ,רצה ,(לֹא) יָשֵׁן ,יִיקַץ/הֵקִיץ.

d) Erwählen, Helfen (↗ F4a; J4)

גאל ,בְּחַרְתִּיךָ וְלֹא מְאַסְתִּיךָ ,בָּחוּר ;בחר;
הִצִּיל ,פְּדִיתִיךָ מִבֵּית עֲבָדִים ,פדה ,גֹּאֵל,

מוֹשִׁיעַ, הוֹשִׁיעַ; עֶזְרָה/עֵזֶר, עֹזֵר; עזר
בָּרוּךְ אַתָּה, בָּרוּךְ; בֵּרַךְ, תְּשׁוּעָה / יְשׁוּעָה
אֲנִי יְהוָה רֹפְאֶךָ: רפא, פקד, בְּרָכָה, לַיהוָה
בְּצֵל, בְּיַד חֲזָקָה, בִּזְרוֹעַ עֻזְּךָ, זְרוֹעַ יְהוָה
רָצוֹן, זכר, אוֹת, נִפְלָאוֹת; הִפְלִיא, כְּנָפֶךָ
בְּרִית, יְהוָה חַסְדֵי, צִדְקוֹת יְהוָה, כִּרְצוֹנוֹ
בְּרִית חֲדָשָׁה, כרת בְּרִית.

e) Rechtsprechung (↗ F4a)

דִּין, דִּין, רִיב, רִיב, שֹׁפֵט; שפט, פקד
וְהָאֱלֹהִים נִסָּה אֶת־אַבְרָהָם, נִסָּה, שִׁלֵּם.

A 5. Gottes Zorn (a) / Strafen und Verwerfen (b)

a) Gottes Zorn (↗ J8)

חֲרוֹן אַפּוֹ, חָרוֹן, וַיִּחַר לוֹ; חרה, אַפַּיִם; אַף II
, וַיֵּרַע בְּעֵינֵי יְהוָה, בְּאַפִּי וּבַחֲמָתִי, חֵמָה
אָרוּר; אֵרֵר, ארר, הִסְתִּיר פָּנִים.

b) Gottes Strafen und Verwerfen (↗ F6)

נִחַם ni, הִסְתִּיר פָּנִים, פקד, הִשְׁלִיךְ, מאס
מוּסָר, נֶגַע, נִגַּע, אֵלִי אֵלִי לָמָה עֲזַבְתָּנִי, עזב
יִסַּר.

A 6. Gottes Kundgaben: Theophanie (a), Prophetie (b), Weisung (c)

a) Theophanie (↗ H1a.b; H2)

נִרְאָה, גלה, עַמּוּד עָנָן, עַמּוּד אֵשׁ, עָנָן, אֵשׁ.

b) Prophetie (↗ E4: H1a.b; H2)

נְאֻם, חֹזֶה; חזה, מַרְאֶה, רֹאֶה; ראה
דָּבָר, כֹּה אָמַר יְהוָה; אמר, נְאֻם־יְהוָה
II, וַיְדַבֵּר יְהוָה אֶל ... וַיְהִי דְבַר יְהוָה
נִבָּא ni, מַשָּׂא אֲשֶׁר חָזָה חֲבַקּוּק, מַשָּׂא
וְלֹא־קָם נָבִיא עוֹד בְּיִשְׂרָאֵל כְּמֹשֶׁה, נָבִיא
עֶבֶד, הֲגַם שָׁאוּל בַּנְּבִאִים, בְּנֵי הַנְּבִיאִים
הֵעִיד, יְהוָה.

c) Weisung (↗ H5a)

חֻקּוֹתָיו וּמִשְׁפָּטָיו, מִשְׁפָּט, חֻקָּה/ חֹק, מִצְוָה
הֲלוֹא ... דְבָרִי כָּאֵשׁ, דְּבָרִים; דָּבָר, וּמִצְוֹתָיו
תּוֹרָה, אֲרוֹן הָעֵדוּת, עֵדְוֹת, עֵדוֹת; עֵדוּת
מִשְׁלֵי שְׁלֹמֹה; מָשָׁל, חָכָם, כֹּהֵן, מִשְׁמֶרֶת
שְׁמַע יִשְׂרָאֵל.

A 7. Frömmigkeit

(↗ A9a.b; A10a.b; J7a)

אהב אֵת יְהוָה; אֹהֵב/אהב, בטח, הֶאֱמִין
עבד, סוּר מֵרַע, שׁמר, זכר, קִוָּה, כִּבֵּד
יְרֵא, יָרֵא; יֵרֵא, שׁוּב, אֶת־יְהוָה
תָּמִים, חָסִיד, יִרְאַת יְהוָה; יִרְאָה, אֱלֹהִים
יִשְׁרֵי לֵב, יָשָׁר; ישׁר, תָּמִים עִם־יְהוָה
טוֹב, נָקִי(א), יֹדֵעַ צַדִּיק דִּין עָנִי, צַדִּיק f.
בָּרוּךְ, טוֹבָה.

A 8. Verfehlung, Sünde

(↗ A2c; F4b; J6b; J7b)

חַטָּאט, לְךָ לְבַדְּךָ חָטָאתִי, חטא
פֶּשַׁע, פשׁע, רָעָה, רַע, מֵרַע; הֵרַע: רעע
הֵפֵר (בְּרִית), שׁכח, הֵחֵל, חִלֵּל, עָוֹן, רָשָׁע
גנב, דָּמִים, אִישׁ חֲמָסִים, אִישׁ חָמָס, חָמָס
כָּזָב, כִּזֵּב, לֹא תִּנְאָף: נאף, גַּנָּב, לֹא תִּגְנֹב
טֻמְאָה, טָמֵא, טִמֵּא; טמא, זוֹנָה; זנה
פֹּעֲלֵי אָוֶן, אָוֶן, תּוֹעֲבַת יְהוָה; תּוֹעֵבָה.

A 9. Bitte (a), Lob (b)

a) Bitte (↗ A7; A10a.b; F5f.)

חִלָּה, חָנֵּנִי, הִתְחַנֵּן, תְּפִלָּה, הִתְפַּלֵּל (בְּעַד)
פרשׂ, פְּנֵה אֵלַי, בִּקֵּשׁ, דרשׁ, שׁאל, פָּנִים
וַיִּקֹּד, הִשְׁתַּחֲוָה, קדד, כַּפָּיו אֶל־יְהוָה
נֶדֶר/נֵדֶר, נדר, וַיִּקְּדוּ וַיִּשְׁתַּחֲווּ, וַיִּשְׁתַּחוּ
שִׁלֵּם נֵדֶר.

b) Lob (↗ A7; A10a; J6a)

הוֹדוּ לַיהוָה ,הוֹדָה ,פרשׂ כַּפָּיו אֶל־יְהוָה,

הַללוּ(־)יָהּ ;הִלֵּל ,מִזְמוֹר לְתוֹדָה ,תּוֹדָה,

בָּרוּךְ ;בֵּרַךְ ,תְּרוּעָה ,רִנָּה ,רנן ,תְּהִלָּה,

מִזְמוֹר ,זִמֵּר ,הִזְכִּיר ,רוֹמֵם ,כִּבֵּד ,בְּרָכָה;

אָמֵן ,סֶלָה ,מִזְמוֹר לְתוֹדָה ,מִזְמוֹר לְדָוִד,

שִׁירָה/שִׁיר ,מְשׁוֹרֵר ,שָׁרָה .f ,שָׁר ;שִׁיר.

A 10. Opfer (a), Sühne (b)

a) Opfer (↗ A7; A9a.b)

מִנְחָה ,קָרְבָּן ,הִגִּישׁ ,הִקְרִיב ,שֵׁרֵת ,עֲבוֹדָה,

לֶחֶם ,שֶׁמֶן ,משׁח ,הֶחֱרִים ,חֵרֶם ,תְּרוּמָה

קְטֹרֶת ,קִטֵּר ,הַפָּנִים,

שְׁלָמִים ;שֶׁלֶם ,ערךְ ,שׁחט ,מִזְבֵּחַ ,זֶבַח ,זבח,

חַטָּאת ,פֶּסַח , הֶעֱלָה ,עֹלַת תָּמִיד ,עֹלָה,

תּוֹדָה.

b) Sühne (↗ A4b; A7; A9a)

יוֹם (הַ)כִּפֻּרִים ,כִּפֻּרִים ,וְכִפֶּר עָלָיו ;כִּפֶּר,

טָהוֹר ,טִהֵר ,כִּבֵּס ,קָדוֹשׁ ,קִדֵּשׁ.

A 11. Kultische Versammlungen (a) und Personen (b)

a) kultische Versammlungen (↗ A13a; F1)

בֵּית־יִשְׂרָאֵל ,עֲדַת־יִשְׂרָאֵל ;עֵדָה,

הִקְהִיל ,קְהַל יְהוָה ;קָהָל ,מוֹעֵד ,בֵּית־יְהוּדָה,

תקע בַּשּׁוֹפָר ,7 קֹהֶלֶת.

b) kultische Personen (↗ E4)

כֹּהֵן ,הַכֹּהֵן הַמָּשִׁיחַ ,הַכֹּהֵן הַגָּדוֹל ,0כֹּהֵן

יַד־ ,נְשִׂיאֵי הָעֵדָה ,נָשִׂיא ,לְוִיִּם ;לֵוִי ,בָּמוֹת

קֹהֶלֶת ,לַמְנַצֵּחַ ,מְשׁוֹרֵר ,מִלֵּא יַד־/מִלֵּא.

A 12. Kultische Gegenstände (↗ E2)

כַּף ,כְּלֵי הָעֲבוֹדָה ,כְּלִי ,מִזְבַּח הַבַּעַל ,מִזְבֵּחַ;

אֲרוֹן בְּרִית , אֲרוֹן הַבְּרִית ,אֲרוֹן ,כַּפּוֹת

אֲרוֹן הָעֵדוּת ,יְהוָה.

A 13. Kultische Orte (a) und Zeiten (b)

a) kultische Orte (↗ A11a; E1)

הֵיכַל ,הֵיכָל ,הַמִּשְׁכָּן ,אֹהֶל מוֹעֵד ,מִקְדָּשׁ

קֹדֶשׁ הַקֳּדָשִׁים ;קֹדֶשׁ ,בֵּית־יְהוָה ,קָדְשׁוֹ,

דַּלְתוֹת נְחֹשֶׁת ,עַמּוּד ,חָצֵר.

b) kultische Zeiten (↗ B1a)

חֹדֶשׁ ,שַׁבָּת ,מוֹעֵד ,2 חַג,

חַג הַמַּצּוֹת ,חַג הַפֶּסַח ,פֶּסַח ,יוֹם הַכִּפֻּרִים

B. Zeit und Raum, Himmel und Erde

B 1. Zeit (a), Anfang – Ende (b)

a) Zeit (↗ A 13b; D5; G1)

בֵּין ,עֶרֶב ,בֹּקֶר ,יוֹמָם ,יוֹם ,מוֹעֵד ,בְּעִתּוֹ ,עֵת

וַיְהִי עֶרֶב וַיְהִי־בֹקֶר יוֹם שְׁלִישִׁי ,הָעַרְבָּיִם,

שָׁנָה ,חֹדֶשׁ ,חֲצִי הַלַּיְלָה ,יוֹמָם וָלַיְלָה ,לַיְלָה,

רֹאשׁ הַשָּׁנָה ,בֶּן־שָׁנָה,

עוֹלָם , לִפְנֵי ,מֵאָז ,אָז ,עַד־מָתַי ,מָתַי,

בְּעֶצֶם ,הַיּוֹם ,בָּרִאשֹׁנָה ,מִקֶּדֶם ,קֶדֶם לְעוֹלָם

הַפַּעַם ,רַב עַתָּה ,וְעַתָּה ,עַתָּה ,הַיּוֹם הַזֶּה,

לֹא ... עוֹד ;עוֹד ,מִמָּחֳרָת ,מָחֳרָת ,מָחָר,

מֵעוֹלָם וְעַד ,לְדֹר וָדֹר ,לָנֶצַח ,נֶצַח/נֵצַח

יסף ,עֹלַת תָּמִיד ,תָּמִיד ,אֹרֶךְ יָמִים ,עוֹלָם,

הוֹסִיף.

b) Anfang – Ende (↗ D5; G1)

בְּרֵאשִׁית בָּרָא אֱלֹהִים אֵת ,רֵאשִׁית ,הֵחֵל

תְּחִלָּה ,רִאשׁוֹן ,הַשָּׁמַיִם וְאֵת הָאָרֶץ:,

הִשְׁכִּים,

אַחֶרֶת ,אַחַר ,בְּאַחֲרִית הַיָּמִים ,אַחֲרִית,

סוֹף ,קֵץ ,מִקְצֵה שִׁבְעַת יָמִים ,קָצֶה,

חדל ,תמם ,שׁבת ,שִׁלֵּם ,כָּלָה.

B 2. Raum (↗ G1)
Raumbezeichnungen,
Raumbeziehungen (a),
Ortsadverbien (b),
Präpositionen (c),
Richtungsangaben (d)

a) Raumbezeichnungen, Raumbeziehungen

פָּנִים, עֵבֶר, פְּאַת צָפוֹנָה, פֵּאָה, מוֹעֵד, מָקוֹם,
קֶרֶב, בְּתוֹךְ, תָּוֶךְ, קָצֶה, סָבִיב, גְּבוּל,
חוּצָה, חוּץ, בְּקֶרֶב,
צרר I, אָרְכּוֹ וְרָחְבּוֹ, רֹחַב, אֹרֶךְ, מִדָּה, מדד,
צַר I,
רָחוֹק, הַרְחֵק; רחק, נגשׁ, קָרוֹב, קרב,
מַעַל, ראֹשׁ, רָם; רוּם, בְּקֶרֶב, קֶרֶב, מֵרָחוֹק,
עֶלְיוֹן,
קָטָן/קָטֹן, קטֹן 4, אִישׁ מִדָּה, גָּדוֹל, גדל,
יָשָׁר; ישׁר, מִקָּטֹן וְעַד גָּדוֹל.

b) Ortsadverbien (siehe §2.4)

c) Präpositionen (siehe §2.3a)

d) Richtungsangaben

צָפוֹן, יָמָּה, יָם, קֶדֶם, מִזְרַח הַשֶּׁמֶשׁ, מִזְרָח,
שְׂמֹאל, הֵימִין, יָמִין, נֶגֶב, פְּאַת צָפוֹן,
שְׂמֹאוֹל.

B 3. Himmel, Gestirne

הַמָּאוֹר מָאוֹר, צָבָא, כּוֹכָב, שֶׁמֶשׁ, שָׁמַיִם
יָרֵחַ, הַמָּאוֹר הַקָּטֹן, הַגָּדֹל.

B 4. Licht, Feuer, Finsternis, Farbe

וַיֹּאמֶר אֱלֹהִים יְהִי אוֹר, אוֹר, אוֹר
יצת, בער I, שׂרף, עַמּוּד אֵשׁ , וַיְהִי אוֹר,
יוֹצֵר אוֹר וּבוֹרֵא חֹשֶׁךְ, חֹשֶׁךְ, צֵל, הִצִּית,
אָדֹם, לָבָן.

B 5. Naturerscheinungen, Wetter

עַמּוּד עָנָן, עָנָן, אוֹר, מִזְרַח הַשֶּׁמֶשׁ, מִזְרָח,
רוּחַ גְּדוֹלָה, רוּחַ.

B 6. Wasser (a), Trockenheit (b)

a) Wasser

יְאֹר, הַנָּהָר (הַגָּדוֹל), נָהָר, תְּהוֹם, יָם, מַיִם;
עֲיָנוֹת; עַיִן , זוּב, נַחַל אַרְנוֹן, נַחַל, יְאֹרִים,
שְׂפַת הַיָּם, שָׂפָה, בְּאֵר.

b) Trockenheit

חָרֵב; חרב, יַבָּשָׁה, יָבֵשׁ; יבשׁ.

B 7. Erde, Land, Landschaften

כָּל־מַמְלְכוֹת הָאָרֶץ, כַּנְפוֹת הָאָרֶץ, אֶרֶץ ,
וַיִּקְרָא יַבָּשָׁה, אֲדָמָה, תֵּבֵל וּמְלֹאָהּ, תֵּבֵל
גְּבֻלָה/גְּבוּל, אֱלֹהִים לַיַּבָּשָׁה אֶרֶץ,
עָפָר, עָפָר, חַיַּת הַשָּׂדֶה, שָׂדַי/שָׂדֶה
ראֹשׁ, גִּבְעָה, הַר סִינַי, הַר, מִן־הָאֲדָמָה,
סֶלַע, יְהוָה צוּרִי; צוּר, כֹּהֵן בָּמוֹת, בָּמָה;
הַנֶּגֶב, מִדְבָּר, נַחַל, עֵמֶק, אֶבֶן, יְהוָה סַלְעִי,
תֹּהוּ, בֹּהוּ, תֹּהוּ וָבֹהוּ.

B 8. Minerale

כֶּסֶף וְזָהָב , זָהָב סָגוּר, זָהָב , כֶּסֶף, אֶבֶן ,
נְחֹשֶׁת וּבַרְזֶל, בַּרְזֶל, דַּלְתוֹת נְחֹשֶׁת, נְחֹשֶׁת.

C. Vegetation, Tier, Mensch

C 1. Pflanzen, Bäume, Früchte
(↗ D6a.b; E6)

עֵץ עֵץ, פְּרִי, שֹׁרֶשׁ, נטע, זֶרַע, הִזְרִיעַ, זרע
פְּרִי, עֵץ הַחַיִּים, מַטֶּה, שֵׁבֶט, אֶרֶז, הַלְּבָנוֹן
אַרְזֵי, כֶּרֶם, גֶּפֶן, יַיִן, זַיִת, שֶׁמֶן, סִבֹּלֶת/שִׁבֹּלֶת.

C 2. Tiere (a), Tierprodukte (b)

a) Tiere (↗ E5a.b; E6)

אָדָם, בְּהֵמָה, כָּל־בָּשָׂר, חַיַּת הַשָּׂדֶה, חַיָּה
זָכָר, עוֹף הַשָּׁמַיִם, וּבְהֵמָה,
שְׁוָרִים; שׁוֹר, אֶלֶף, בֶּן־בָּקָר, בָּקָר, בְּהֵמָה,
שֶׂה, צֹאן וּבָקָר, צֹאן, עֶגְלָה, עֵגֶל, פָּרָה, פַּר,
גְּדִי, עֵז, כִּבְשָׂה/כִּשְׂבָּה, כֶּבֶשׂ/כֶּשֶׂב, אַיִל,
כֶּלֶב, גָּמָל, *1* סוּסָה, סוּס, אָתוֹן, חֲמוֹר,
וְהַנָּחָשׁ הָיָה עָרוּם, נָחָשׁ, אֲרִי/אַרְיֵה, חַיָּה
מִכֹּל חַיַּת הַשָּׂדֶה.

b) Tierprodukte (↗ D6a.b; E5a.b; E6)

חָלָב, חֵלֶב, בָּשָׂר, עֶצֶם, שׁוֹפָר, קֶרֶן, עוֹר,
אֶרֶץ זָבַת חָלָב וּדְבַשׁ, דְּבַשׁ.

C 3. Mensch, Altersstufen

(↗ D1; D2; F1)

אָדָם וּבְהֵמָה, בֶּן־אָדָם, אֱנוֹשׁ, אָדָם,
זָכָר, נֶפֶשׁ, כָּל־בָּשָׂר,
בְּתוּלַת, בְּתוּלָה, נְעָרָה, נַעַר, יֶלֶד, יוֹנֵק
אִשָּׁה, אִישׁ אֶל־רֵעֵהוּ, אִישׁ, גֶּבֶר, יִשְׂרָאֵל,
זָקֵן; זקן, אֲנָשִׁים וְנָשִׁים, אִשָּׁה אֶל־אֲחוֹתָהּ,
אִישׁ מִדָּה, מִקָּטֹן וְעַד גָּדוֹל, גָּדוֹל, קָטֹן/קָטָן.

C 4. Körperteile (auch Gottes, auch der Tiere) (↗ D6a)

לֵב/לֵבָב, חֵלֶב, קֶרֶב, עֶצֶם, דָּם, עוֹר, בָּשָׂר,
יִשְׁרֵי לֵב,
פֵּאָה, אָזְנַיִם; אֹזֶן, מַרְאֶה, פָּנִים, רֹאשׁ,
שָׂפָה, פֶּה, אַפַּיִם; אַף II, עֵינַיִם; עַיִן;
נֶפֶשׁ, שִׁנַּיִם; שֵׁן, לָשׁוֹן, שְׂפָתַיִם,
בְּצֵל, כְּנָפַיִם; כָּנָף, שׁוֹפָר, קַרְנַיִם; קֶרֶן
יָדַיִם; יָד, זְרוֹעַ, כְּנָפֶךָ,
וְהַיָּדַיִם יְדֵי (יַד) שְׂמֹאול, יַד יְמִינוֹ, (יַד) יָמִין
רֶגֶל, רֶחֶם, בֶּטֶן, מָתְנַיִם, כַּפַּיִם; כַּף, עֵשָׂו:;
כַּף רֶגֶל, רַגְלַיִם.

D. Grundgegebenheiten des Lebens

D 1. Familie, Sippe, Bekannte
(↗ C3; D2; F1; H5c)

אָב; אָבוֹת, אֲרַמִּי אֹבֵד אָבִי, אֵם; אִמּוֹת, בֵּן;
בָּנִים, בָּנוֹת; בַּת, בְּנוֹ הַבְּכֹר, בְּכֹר, בָּנִים
אִישׁ אֶל־אָחִיו, אַחִיו, אַחִים; אָח, בְּנֵי בָנִים, וּבָנוֹת,
חָם, חָמוֹת, אִשָּׁה אֶל־אֲחוֹתָהּ, אָחוֹת,
לְדֹר וָדֹר; דּוֹר, קָרוֹב, יָתוֹם וְאַלְמָנָה, יָתוֹם,
מִמִּשְׁפַּחַת; מִשְׁפָּחָה, בֵּית אָב, תּוֹלְדוֹת־
חֲצִי מַטֵּה מְנַשֶּׁה, מַטֵּה בִנְיָמִין, מַטֶּה, יְהוּדָה
שִׁבְטֵי יִשְׂרָאֵל, חֲצִי שֵׁבֶט מְנַשֶּׁה, שֵׁבֶט ,
מְאָהֵב, אֹהֵב, רֵעַ, עָם/עַם.

D 2. Ehe, Geburt (↗ C3; D1; J4; J8)

אָמָה, אָדוֹן, בַּעַל אִשָּׁה, אֵשֶׁת, אִשָּׁה , אִישׁ,
, יָתוֹם וְאַלְמָנָה, אַלְמָנָה, צרר II, שִׁפְחָה
אהֵב/אהב, לֹא תִּנְאָף: נאף, זוֹנָה; זנה;
הוֹלִיד, ילד, ידע, אַהֲבָה, מְאָהֵב, אֹהֵב;
וַתַּהַר וַתֵּלֶד, הרה, רֶחֶם, בֶּטֶן, זֶרַע, מְיַלֶּדֶת
קרא שֵׁם, מֵינֶקֶת, יוֹנֵק; ינק, בֵּן,
טוֹב שֵׁם מִשֶּׁמֶן.

D 3. Leben (a), Krankheit und Heilung (b), Tod (c)

a) Leben (↗ D4a)

רוּחַ, נֶפֶשׁ, חַי, עֵץ הַחַיִּים, חַיִּים, חיה.

b) Krankheit und Heilung (↗ A1d; D4b)

רְפֵא; רפא, *78* נֶגַע, חלה.

c) Tod (↗ F5j; F6a)

מֵת; מוּת, אַחֲרֵי מוֹת שָׁאוּל, מָוֶת, אַחֲרִית,
וַיִּשְׁכַּב עִם אֲבוֹתָיו, שׁכב, נֶאֱסַף אֶל־עַמָּיו,
קֶבֶר, קבר, נְבֵלָה, ירד שְׁאֹלָה, שְׁאוֹל.

D 4. Existenz, Sein, Bejahung (a) – Nichtexistenz, Verneinung (b)

a) Existenz, Sein, Bejahung (↗ D3a)
אִם, אָכֵן, אַךְ, כֵּן, §2.3b.4a, כִּי, אָמֵן, היה, יֵשׁ
לֹא (im Schwursatz).

b) Nichtexistenz, Verneinung (↗ 3b)
הִנָּם, הֲבֵל הֲבָלִים; הֶבֶל, אֵין מִסְפָּר, אַיִן,
תֹּהוּ וָבֹהוּ,
לֹא ... לֹא, עוֹד, לֹא ... כִּי, בְּלֹא, לֹא
לֹא, לֹא אִשָּׁה, לֹא אָדָם / לֹא נֶפֶשׁ / לֹא אִישׁ
דָּבָר,
מִבְּלִי, בִּבְלִי, בְּלִי, בַּל, פֶּן־, אַל־תִּירָא, אַל־
אִם, בְּטֶרֶם, טֶרֶם, לְבִלְתִּי/בִלְתִּי, עַל־בְּלִי (im Schwursatz), לוּלֵי/לוּלֵא.

D 5. Schlafen, Erwachen (↗ B1a.b; G2a)
לַיִל/לַיְלָה, לִין, שֵׁנָה, יָשֵׁן; יָשֵׁן, נוּחַ, שׁכב
יִיקַץ/הֵקִיץ, עוּר, בַּעַל חֲלֹמוֹת, חֲלוֹם, חלם
הִשְׁכִּים.

D 6. Essen (a), Trinken (b)

a) Essen (↗ C1; C2b; C4)
לֶחֶם, אֹפֶה; אפה, רָעָב, שָׂבֵעַ; שׂבע, אכל
אֶרֶץ זָבַת חָלָב וּדְבַשׁ, דְּבַשׁ, בָּשָׂר, מַצָּה.

b) Trinken (↗ C1; C2b; E6)
מִשְׁתֶּה, מַשְׁקֶה; הִשְׁקָה, וַיֹּאכַל וַיֵּשְׁתְּ, שתה
אֶרֶץ זָבַת, חָלָב, מַיִם, לֶחֶם וָיַיִן, יַיִן, חָג, חַג
חָלָב וּדְבַשׁ.

D 7. Kleidung (a), Körperpflege (b)

a) Kleidung
לָבֵשׁ בְּגָדִים, בֶּגֶד, פִּתַּח, לָבוּשׁ; לבשׁ/לבֵשׁ,
כִּבֵּס, כְּנַף בִּגְדוֹ.

b) Körperpflege
טוֹב שֵׁם מִשֶּׁמֶן, שֶׁמֶן, וַיִּרְחֲצוּ רַגְלֵיהֶם, רחץ
משׁח, טוֹב.

E. Wohnraum, Arbeit, Beruf

E 1. Wohnen, Wohnort
(↗ A13a; E2; F5c)
עָם/עַם, שָׁכֵן/שׁכן, יֹשֶׁבֶת, f. יֹשֵׁב, יֹשֵׁב; ישׁב
גֵּר, גּוּר, בַּעַל יְרִיחוֹ,
מִחוּץ לָעִיר, הָעִיר הַגְּדוֹלָה, עִיר דָּוִד, עִיר
קִיר, עִיר חוֹמָה, חוֹמָה, מִשְׁכָּן, בַּת־צִיּוֹן,
חוּץ, מִשְׁמָר, שֹׁמֵר; שׁמר, נֹצֵר; נצר, שַׁעַר
מִחוּץ לָעִיר,
בַּיִת, בֵּית־יְהוָה; בָּתִּים; בַּיִת, בֹּנֶה; בנה
אֶבֶן, עַמּוּד, חָצֵר, הֵיכָל, הַמֶּלֶךְ,
דַּלְתוֹת נְחֹשֶׁת, דְּלָתוֹת, דְּלָתַיִם; דֶּלֶת, פֶּתַח
נסע, הִטָּה, נטה, אֹהֶל, סגר, פתח.

E 2. Wohnungseinrichtung, Hausgeräte
(↗ A12; E1; E6; E7b)
עֹל, אֲרוֹן, כִּסֵּא, שֻׁלְחָן, כְּלִי.

E 3. Tat, Arbeit (↗ F3a)
מְלָאכָה, פֹּעַל, פעל, דָּבָר, מַעֲשֶׂה, עשׂה
חדל, כִּלָּה, הֵחֵל, הֵכִין, §2.2, מַה־מְּלַאכְתְּךָ
עֶבֶד, מַשָּׂא I, עָמָל, עֲבֹדָה, עֹבֵד; עבד
נַעֲרָה, נַעַר, אָמָה, שִׁפְחָה
הִשְׂכִּיל, וְכֹל אֲשֶׁר־יַעֲשֶׂה יַצְלִיחַ; צלח
מַשְׂכִּיל.

E 4. Handwerk, Beruf
(↗ A6b; A11b; F2b; F5b)
אֹפֶה; אפה, כֹּבֵס, יוֹצֵר; יצר, בֹּנֶה; בנה
מַעֲשֶׂה.

E 5. Jagd (a), Viehzucht (b)

a) Jagd (↗ C2a.b; F5d)
לכד, קֶשֶׁת, בֶּן־קֶשֶׁת, חֵץ, קֶשֶׁת וְחִצִּים, דרךְ
קֶשֶׁת, I ירה; יוֹרֶה, מוֹרֶה.

b) Viehzucht (↗ C2a.b; E6)
מִקְנֶה, צֹאן , בָּקָר, צֹאן וּבָקָר , אֶלֶף, שְׁוָרִים
שׁוֹר;, שֶׂה, גָּמָל, אָתוֹן, חֲמוֹר,
רעה; רֹעֶה, f. רֹעָה, קבץ, שֵׁבֶט.

E 6. Landarbeit, Weinanbau
(↗ C1; C2a.b; E2; E5b)

אֲדָמָה, שָׂדֶה/שָׂדַי, כֶּרֶם, גֶּפֶן, דרךְ, גַּנָּה/גַּן,
זרע, זֶרַע , נטע, וַיִּטַּע אֱלֹהִים גַּן־עֵדֶן מִקֶּדֶם
יְהוָה.

E 7. Handel (a), messen, zählen (b), viel – wenig – nichts (c)

a) Handel קנה; קָנֶה, מכר; מֹכֵר.

b) messen, zählen (↗ §2 Zahlen)
מדד, מִדָּה, אִישׁ מִדָּה, אַמָּה, ספר, מִסְפָּר,
אֵין מִסְפָּר, שֵׁשׁ פְּעָמִים, שָׁלֹשׁ רְגָלִים ,
בֶּן־אַרְבָּעִים שָׁנָה, כֶּסֶף, שֶׁקֶל, אֶבֶן, חֲצִי,
שֵׁבֶט מְנַשֶּׁה חֲצִי מַטֵּה/, חשב, ערךְ:
הֶעֱרִיךְ, נשׂא ראשׁ, כְּ, עַל־פִּי, לְפִי, כְּפִי.

c) viel – wenig – nichts (↗ F3b.a)
מלא; מָלֵא, מְלֹא, תֵּבֵל וּמְלֹאָהּ, מְלֹא
כָל־הָאָרֶץ כְּבוֹדוֹ:, שָׁלֵם, כבד; כָּבֵד, קלל;
קַל, כֹּל, כָּל־, כָּל־נֶפֶשׁ , רבה; הַרְבֵּה, רבב,
רַב, רַבָּת, רַבַּת, רֹב, רְבָבָה, הָמוֹן, מְאֹד.
מְעַט, שׁאר, נִשְׁאַן, שְׁאֵרִית, שְׁאָר 26, שְׁאָר
יָשׁוּב, נוֹתַר, הוֹתִיר, יֶתֶר, הֶבֶל, הֲבֵל הֲבָלִים
הַכֹּל הָבֶל: , שָׁוְא.

F. Volk, König, Gericht, Krieg

F 1. Volk (↗ A11a; C3; D1)

גּוֹי; גּוֹיִם, עַם; עַמִּים, עַם הָאָרֶץ, בְּתוּלַת
יִשְׂרָאֵל, בֵּית־יִשְׂרָאֵל, בֵּית־יְהוּדָה, שֵׁבֶט;
שִׁבְטֵי יִשְׂרָאֵל, בְּנֵי יִשְׂרָאֵל, מַטֶּה; מַטֵּה
בִּנְיָמִן, מִשְׁפָּחָה; מִשְׁפַּחַת יְהוּדָה, בֵּית אָב,
קָהָל, עֵדָה, הַזְּקֵנִים, ישׁב; יֹשֵׁב, שׁכן/שֹׁכֵן,
בַּעֲלֵי יְרִיחוֹ, גֵּר, גּוּר, רֵעַ, זָר, נָכְרִי, בְּאֶרֶץ
נָכְרִיָּה, נֵכָר.
אִישׁ; אֲנָשִׁים, אִשָּׁה; נָשִׁים, נֶפֶשׁ, כָּל־נֶפֶשׁ,
אָדָם, אִישׁ אֶל־אָחִיו , אִישׁ אֶל־רֵעֵהוּ, אִשָּׁה
אֶל־אֲחוֹתָהּ,
כֹּל, כָּל־, כָּל־עָם, הָעָם כֻּלּוֹ /כָּל־הָעָם,
הָמוֹן, הֲמוֹן גּוֹיִם.

F 2. König (a), Beamte (b)

a) König (↗ F3b)
מלךְ, מֶלֶךְ, מַלְכָּה, משׁל; מֹשֵׁל, רעה; רֹעֶה,
נָגִיד, מָשִׁיחַ, פַּרְעֹה ,
שֵׁבֶט, כִּסֵּא, אוֹצָר, בֵּית אוֹצָר,
מַמְלָכָה/מַלְכוּת/מַמְלָכוֹת, כָּל־מַמְלְכוֹת
הָאָרֶץ, מְלוּכָה.

b) Beamte (↗ E4; F3b; F5b)
עֶבֶד, רֵעַ הַמֶּלֶךְ, נִצָּב/הִתְיַצֵּב, שַׂר, שַׂר
הַצָּבָא, נָשִׂיא, אַיִל, פָּקִיד, סֹפֵר, סֵפֶר דִּבְרֵי
הַיָּמִים , חתם , כֹּהֵן, הַ כֹּהֵן הַגָּדוֹל, הַכֹּהֵן
הַמָּשִׁיחַ, אֹפֶה מַשְׁקֶה.
הִפְקִיד, מלא יד־/ מִלֵּא יַד־, שֵׁרֵת; מְשָׁרֵת,
קדד, הִשְׁתַּחֲוָה, וַיִּקֹּד וַיִּשְׁתַּחוּ, וַיִּקְּדוּ
וַיִּשְׁתַּחֲווּ.

F 3. arm, schwach (a) – reich, stark (b)

a) arm, schwach (↗ E3; E7c)

אֶבְיוֹן, עֳנִי, יֹדֵעַ צַדִּיק דִּין עָנִי, עָנִי, ענה II,
קלל, חֳלִי, חלה, דַּל, עָנִי וְאֶבְיוֹן.

b) reich, stark (↗ E7c; F2a.b)

חַיִל, הָמוֹן, בֵּית אוֹצָר, אוֹצָר, עֹשֶׁר, עָשִׁיר,
נחל, אֲחֻזָּה, מִקְנֶה, קנה, בַּעַל, גִּבּוֹר חַיִל,
חֵלֶק וְנַחֲלָה, חֵלֶק, נַחֲלָה,
אמץ, זְרוֹעַ, יָד, מְאֹד, עֹז, כֹּחַ, חָזָק; חזק.

F4. Gericht (a) – falsches Gericht (b)

a) Gericht (↗ A3b; A4d.e; F5f)

דִּין, רִיב, רִיב, מִשְׁפָּט, שְׁפָטִים, שֹׁפֵט; שׁפט,
נִסָּה, יֹדֵעַ צַדִּיק דִּין עָנִי, דִּין,
שַׁעַר, הַזְּקֵנִים, זָקֵן, הֵעִיד, עֵד, שָׂטָן, קָמִים,
צדק, וַיַּשְׁלֵךְ גּוֹרָל, גּוֹרָל, נִשְׁבַּע, הוֹכִיחַ;
יָשָׁר; ישׁר, נִקָּה, נָקִי(א) צְדָקָה צֶדֶק, צַדִּיק,
אַסִּיר/אָסִיר, שִׁלֵּם, פקד, רָשָׁע, יִסַּר,
גֹּאֵל הַדָּם, מוֹת יוּמַת, הֵמִית, מִשְׁמָר.

b) falsches Gericht(↗ A8, A9a; F5f)

שֶׁקֶר, כָּזָב, כִּזֵּב, הִטָּה מִשְׁפָּט, נשׂא פָּנִים,
לֹא־תַעֲנֶה בְרֵעֲהוּ עֵד שָׁקֶר: עֵד שֶׁקֶר.

F 5. Krieg
Heer (a), Krieger, Befehlshaber (b), Befestigungswerke (c), Waffen (d), Kampfvorbereitung (e), Feind (f), Kampf, Sieg, Niederlage (g), erobern, zerstören (h), töten, erbeuten, gefangennehmen (j), Flucht, Rettung (k)

a) Heer

הִזְעִיק/הִצְעִיק, פקד, זְרֹעוֹת, צָבָא, חַיִל,
מַחֲנֶה, חנה.

b) Krieger, Befehlshaber (↗ E4; F2b)

גִּבּוֹר חַיִל, גִּבּוֹר, אִישׁ חַיִל, אִישׁ מִלְחָמָה,
צִוָּה, שַׂר, מִשְׁמֶרֶת, שֹׁמֵר, נֹצֵר, מוֹרֶה, יוֹרֶה.

c) Befestigungswerke (↗ E1)

סגר עֹז, שַׁעַר, עִיר חוֹמָה חוֹמָה.

d) Waffen (↗ E4; F2b)

קֶשֶׁת, לְפִי חֶרֶב, חֶרֶב, מָגֵן, נֹשֵׂא כֵלִים, כְּלִי,
דרךְ קֶשֶׁת, קֶשֶׁת, קֶשֶׁת וְחִצִּים, חֵץ, בֶּן־קֶשֶׁת,
וַיֶּאְסֹר אֶת־רִכְבּוֹ, רֶכֶב, רֹכֵב, סוּס.

e) Kampfvorbereitung (↗ H2e)

וַיַּעַרְכוּ, ערךְ, הִתְיַצֵּב, נשׂא ראשׁ
תְּרוּעָה, הֵרִיעַ, תקע בַּשּׁוֹפָר(וֹת), מִלְחָמָה,
זעק/צעק.

f) Feind (↗ A9a; F4a.b)

קָמִים, שָׂטָן, צָר, צַר II, צֹרֵר; צרר II, אֹיֵב.

g) Kampf, Sieg, Niederlage (↗ F6d)

יוֹרֶה; ירה I, דרךְ קֶשֶׁת, מִלְחָמָה, נִלְחַם,
הִכָּה, צלח, יכֹל, חַיִל, חָזָק; חזק, מוֹרֶה,
צָרָה, מַכָּה.

h) erobern, zerstören (↗ F6c)

ירשׁ, הִסְגִּיר, סגר, וַיִּלְכֹּד אֶת־הָעִיר, לכד;
עִנָּה II, שׁבר, שִׁחֵת, הֶאֱבִיד, הִשְׁמִיד, יוֹרֵשׁ,
שָׁמֵם, הִצִּית, יצת, בער I, שׂרף, בקע;
שִׁמְמוֹת עוֹלָם, שַׁמָּה/שְׁמָמָה, מְשׁוֹמֵם,
חָרֵב; חרב, חָרְבָּה.

j) töten, erbeuten, gefangennehmen (↗ D3c; F6a)

חָלָל, הִכָּה, נגף, תפשׂ, אחז, רדף (אַחֲרֵי),
נגף, הֵמִית, מֵת; מוּת, הרג, חַלְלֵי־חֶרֶב,
חלק, שָׁלָל, חֵרֶם, נפל,
הִגְלָה, גלה, שְׁבִי, שׁבה, אַסִּיר/אָסִיר, אסר,
גָּלוּת/גּוֹלָה.

k) Flucht, Rettung (↗ G1b)
עז, שְׁאָר יָשׁוּב , שְׁאָר, מְלֵט, נוּס, ברח
הִצִּיל, תְּשׁוּעָה/יְשׁוּעָה, מוֹשִׁיעַ; הוֹשִׁיעַ, צוּר
כרת, עֶזְרָה/עֵזֶר, עֵזֶר, עזר; הִצִּיל מִיַּד אוֹיֵב
שָׁלוֹם, שָׁלֵם; שִׁלֵּם, בְּרִית.

F6. verderben (↗ A5b; J2b.c)
töten (a), unterdrücken (b), zerstören, zerstreuen, ausgießen, verbrennen (c) schlagen, stoßen (d)

a) töten (↗ D3c; F5j)
מוֹת יוּמַת, הֵמִית, הַמְבַקְשִׁים אֶת־נַפְשֶׁךָ;
שָׁפַךְ דָּם, מַשְׁחִית; שִׁחֵת, הִכָּה, הרג, מֵת,
מְרַצֵּחַ; לֹא תִּרְצָח: רצח, חַלְלֵי־חֶרֶב, חָלָל,
קטל, בלע, הֶחֱרִים, חֵרֶם.

b) unterdrücken: II עָנָה.

c) zerstören, zerstreuen, ausgießen, verbrennen (↗ F5h)
שָׁמֵם, שִׁחֵת, הִשְׁמִיד, הֶאֱבִיד, כִּלָּה, הִכְרִית;
שִׁמְמוֹת עוֹלָם, שַׁמָּה/שְׁמָמָה, מְשׁוֹמֵם,
הפך, נסע, בקע, תקע, שׁבר, הֵחֵת, הִשְׁלִיךְ,
יצת, וּבִעַרְתָּ הָרַע מִקִּרְבֶּךָ: בער, II שׁפך,
הִצִּית.

d) schlagen, stoßen (↗ F5g)
נגף, *78*, נֶגַע, נגע, מַכָּה, הִכָּה.

G. Bewegung, Ruhe

G 1. Bewegung, Ortswechsel (↗ B1a.b; B2):
gehen, reiten (a), eilen (b), fliehen, fallen (c), senden (d)

a) gehen, reiten
דֶּרֶךְ, רֶגֶל, הָלוֹךְ יֵלֵךְ וּבָכֹה, הִתְהַלֵּךְ, הלך
סבב, עבר 5, הֵימִין, יצא , בּוֹא, ירד, עלה
קרה / הִגִּיעַ, נגשׁ, קָרוֹב, קָרֵב, קרב; סָבִיב,
II קרא, נסע, פנה, שׁוּב, סוּר, הֵסִיר,
רכב; רֹכֵב 79.

b) eilen (↗ F5k)
מִהַר; מַהֵר, רוּץ; רָץ, קלל; קַל, הִשְׁכִּים ,
רֶכֶב, רכב.

c) fliehen, fallen (↗ J3)
ברח, נוּס, תעה, נוּעַ, כשׁל, נפל.

d) senden (↗ H2d)
שׁלח, מַלְאָךְ; מַלְאַךְ יְהוָה.

G 2. ruhen und stehen:
ruhen (a), liegen (b), schlafen (c), aufwachen, aufwecken (d), sitzen (e) aufstehen (f), stehen (g)

a) ruhen נוּחַ, שׁבת.

b) liegen (↗ D5) שׁכב.

c) schlafen, übernachten
לוּן/לִין, שֵׁנָה, יָשֵׁן; יִשַׁן,
וַיִּשָׁב וַיָּלֶן.

d) aufwachen, aufwecken יִיקַץ/הֵקִיץ.

e) sitzen ישׁב.

f) aufstehen קוּם.

g) stehen קוּם, נֶעֱלָה, עמד, נִצָּב/הִתְיַצֵּב.

G 3 legen, werfen, heben, wenden

הֵכִין, כּוֹנֵן, הִנִּיחַ, הֵנִיחַ, הִצִּיג, הִצִּיב, שִׁית,
פִּנָּה, הֵקִים, נשׂא, הִשְׁלִיךְ , פרשׂ, הִשְׁכִּיב.

G 4. ergreifen, ausstrecken (a), stützen (b)

a) ergreifen, ausstrecken
נטה, שׁלח יָד, שׁלח, תפשׂ, הִתְחַזֵּק, הֶחֱזִיק,
הִטָּה.

b) stützen: שֵׁבֶט, מַטֶּה.

G 5. darreichen, erben, nehmen

נחל, מִנְחָה, שלח, הָבוּ, הַב, מִי יִתֵּן, נתן,
אסף, לקח, חֵלֶק וְנַחֲלָה, חֵלֶק, חלק, נַחֲלָה.

G 6. binden, verbinden – trennen (a), öffnen – verschließen (b)

a) binden, verbinden - trennen
וַיֶּאְסֹר, אסר, צרר I, יַחְדָּו, יַחַד, נגע,
אֶת־רִכְבּוֹ, הִבְדִּיל.

b) öffnen – verschließen
דַּלְתוֹת, דְּלָתוֹת, דְּלָתַיִם; דֶּלֶת, פֶּתַח, פתח
סגר, נְחֹשֶׁת.

G 7. verlieren – suchen – finden, verbergen

הַמְבַקְשִׁים, בִּקֵּשׁ, אֲרַמִּי אֹבֵד אָבִי, אבד
הִסְתִּיר, הִסְתִּיר, אסף, מצא, אֶת־נַפְשֶׁךָ
פָּנִים.

H. Wahrnehmung, Sprache, Musik, Weisheit

H 1. sehen (a), hören (b)

a) sehen (↗ A4c; A6a.b)
מַרְאֶה, רֹאֶה; רְאוּ, רְאֵה, ראה, עֵינַיִם; עַיִן
אִשָּׁה יְפַת מַרְאֶה,
הִכִּיר, הִבִּיט, חֹזֶה; חזה.

b) hören (↗ A4c; A6a.b; H5a.c)
בְּנֵי לִדְבָרַי, קשב, שׁמע, אֹזֶן, הֶאֱזִין
נשׂא קול, הַקֹּל קוֹל יַעֲקֹב, קוֹל, הַקְשִׁיבָה.

H 2. Sprache (↗ A6a.b):
reden (a), lesen, schreiben (b), fragen, bitten, antworten (c), erzählen, überbringen (e), rufen, schreien (e)

a) reden
וַיֹּאמֶר, כֹּה אָמַר יְהוָה צְבָאוֹת לֵאמֹר, אמר
לֹא־תַעֲנֶה בְרֵעֲהוּ עֵד, וַיַּעַן וַיֹּאמֶר, בְּלִבּוֹ
וַיְדַבֵּר יְהוָה, וַיְדַבֵּר בְּאָזְנֵי הָעָם, דִּבֶּר, שֶׁקֶר:
שָׂפָה; לָשׁוֹן, נשׂא קול, נְאֻם, דָּבָר, אֶל ...
שְׂפַת כְּנַעַן.

b) lesen, schreiben
סֵפֶר דִּבְרֵי, סֵפֶר, סֹפֵר, ספר; כתב, קרא I
מְגִלָּה, הַיָּמִים.

c) fragen, bitten, antworten
וַיִּשְׁאַל לָהֶם, שׁאל, מִי יֹדֵעַ, הֲ ... אִם; הֲ
וַיַּעַן, ענה I, חָנֵּנִי, הִתְחַנֵּן, בִּי אֲדֹנִי, לְשָׁלוֹם
הֵשִׁיב דָּבָר, וַיֹּאמֶר.

d) erzählen, überbringen (↗ G1d)
מַלְאָךְ, שׁלח, הִגִּיד, סִפֵּר.

e) rufen, schreien (↗ F5e; H4)
רִנָּה, רנן, הָמוֹן, בְּקוֹל גָּדוֹל, קוֹל, קרא I,
זְעָקָה/צְעָקָה, זעק/צעק, תְּרוּעָה, הֵרִיעַ,
נשׂא קול, וַיִּצְעַק צְעָקָה גְּדֹלָה.

H 3. denken, planen, raten (↗ H5a)

עֵצָה, יוֹעֵץ, יעץ; חשׁב, וַיֹּאמֶר בְּלִבּוֹ, אמר
שׁכח, זכר, לֵבָב/לֵב.

H 4. Musik (↗ H2e)

מִזְמוֹר לְתוֹדָה, מִזְמוֹר לְדָוִד; מִזְמוֹר, זִמֵּר,
שִׁירָה/שִׁיר; מְשׁוֹרֵר, שָׁרָה f., שָׁר; שִׁיר
שׁוֹפָר, קֶרֶן, לַמְנַצֵּחַ, סֶלָה, שִׁיר הַשִּׁירִים,
תקע בַּשּׁוֹפָר(וֹת).

H 5. Weisheit (a) – Torheit (b), erziehen, zurechtweisen (c)

a) Weisheit(↗ A3c; A6c; H1c; H3)

וְהַנָּחָשׁ הָיָה, עָרוּם, חָכְמָה, חָכָם; חכם
בִּינָה, נָבוֹן, בִּין, עָרוּם מִכֹּל חַיַּת הַשָּׂדֶה,
יֹדֵעַ, ידע, לֵבָב/לֵב, מַשְׂכִּיל; הִשְׂכִּיל, תְּבוּנָה
מוֹרֶה; הוֹרָה, לִמֵּד, דַּעַת, צַדִּיק דִּין עָנִי,
יוֹעֵץ; יעץ, מִשְׁלֵי שְׁלֹמֹה; מָשָׁל, תּוֹרָה,
בְּנִי לְדִבְרֵי הַקְשִׁיבָה, דָּבָר, עֵצָה.

b) Torheit
כְּסִיל, אִוֶּלֶת, אֱוִיל.

c) erziehen, zurechtweisen (↗ D1; H1b)
מוּסָר, יִסֵּר, הוֹכִיחַ, מוֹרֶה; הוֹרָה, לִמֵּד, למד,
לֹא לָקְחוּ מוּסָר.

J. Gefühlsäußerungen, Bewertungen

J 1. Erregung, Empfindung

רֶחֶם, עֶצֶם, עוּר.

J 2. Freude (a) – Trauer (b), Unglück, Not (c)

a) Freude
הֵרִיעַ, רִנָּה, רִנֵּן, שִׂמְחָה, שָׂמֵחַ; שׂמח,
שָׁר; שִׁיר, שִׁירָה/שִׁיר, שׂחק/צחק, תְּרוּעָה,
וַיִּיטַב בְּעֵינֵי, טוֹב/יטב לֵב, שָׂרָה f.

b) Trauer (↗ F6)
זעק/צעק, רִנָּה, הֵילִיל, שַׂק, בכה,
וַיִּקְרַע, קרע, אוֹי §2.4c, הוֹי, זְעָקָה/צְעָקָה
אֶת־בְּגָדָיו.

c) Unglück, Not (↗ F6)
רָעָב, צָרָה 78, נֶגַע, רָעָה.

J 3. Zittern, Furcht (↗ G1c)

נִחַת, חתת, יִרְאָה, יָרֵא; אַל־תִּירָא; יָרֵא
שָׁמֵם, וַיֵּצֶר לוֹ מְאֹד, צרר I, אַל־תֵּחַת
רָעָה, אוֹי, הוֹי, שַׁמָּה/שְׁמָמָה.

J 4. Liebe, Wollen, Erbarmen, Segen (↗ A4b.c.d; D2)

וְדָבַק, דבק, אַהֲבָה, מְאָהֵב; אֹהֵב/אהב
לֹא תַחְמֹד, חמד, וַיִּשַּׁק לוֹ; נשק, בְּאִשְׁתּוֹ
(לֹא), רֵעַ, לֹא תִנְאָף:; נאף, בֵּית רֵעֶךָ
חָפֵץ; חפֵץ, כִּרְצוֹנוֹ, רָצוֹן, רצה, מֵאֵן, אבה,
חֵפֶץ,
נִחַם, חַנּוּן, חֵן, חנן, רַחוּם, רַחֲמִים, רִחַם,
אַשְׁרֵי, בְּרָכָה, הִתְבָּרֵךְ, נִבְרַךְ, בָּרוּךְ; בֵּרַךְ.

J 5. offen, vertrauen

בטח, אַחֲרִית, תִּקְוָה, קִוָּה.

J 6. ehren, verherrlichen (a), entehren (b)

a) ehren, verherrlichen (↗ A9b)
נֶצַח/נֵצַח, הוֹדָה, כָּבוֹד, כבד, שֵׁם.

b) entehren (↗ A8): הֵחֵל, הִלֵּל.

J 7. treu/zuverlässig sein (a) – verlassen (b)

a) treu/zuverlässig sein (↗ A7)
בֶּאֱמֶת; אֱמֶת, נֶאֱמַן, נָכוֹן, הֵקִים דָּבָר,
שִׁלֵּם נֵדֶר, נֵדֶר/ נֵדֶר, נדר, אָמֵן, אֱמוּנָה,
חֵי(־)נַפְשְׁךָ, חַי יְהוָה, נִשְׁבַּע.

b) verlassen, vergessen (↗ A8):
שׁכח, אֵלִי אֵלִי לָמָה עֲזַבְתָּנִי, עזב.

J 8. Haß, Zorn, Fluch, Vergeltung
↗ A5a; D2)

שׂנא; שֹׂנֵא, מְשַׂנֵּא, קָמִים, בִּקֵּשׁ, הַמְבַקְשִׁים
אֶת־נַפְשֶׁךָ, קִנֵּא, קַנּוֹא/קַנָּא, קִנְאָה II אַף;
אַפַּיִם, (אַף) חרה; וַיִּחַר לוֹ, חָרוֹן, חֲרוֹן אַפּוֹ,
חֵמָה,
ארר, אֵרֵר; אָרוּר, קִלֵּל, הוֹי, אוֹי, שִׁלֵּם,
שָׁלוֹם.

J 9. Verachtung, Spott

בּוֹשׁ, בֹּשֶׁת, יִלְבְּשׁוּ־בֹשֶׁת, קִלֵּל.

J 10. gut, schön (a) – böse, schlecht (b)
a) gut, schön

טוֹב, f. טוֹבָה; טוֹב/יטב, הֵיטֵב, וַיִּיטַב בְּעֵינֵי,
ישׁר; יָשָׁר, יָפֶה, f. יָפָה, אִשָּׁה יְפַת מַרְאֶה.

b) böse, schlecht) (↗ A8)
רעע; רַע, f. רָעָה.

§5 Grammatische Anordnung der Verben und Substantive/Adjektive

5.1 Verben
5.1a) Starkes Verb mit unveränderlichen Konsonanten (Modellverb ohne Gutturale und Iר, IIר)

זכר, כתב, בִּקֵּשׁ, פקד, מלך, שׁמר, דִּבֵּר,
ספר, קדשׁ *a*, שׁפט, זקן, שׁכב

קבץ, שׁכֵן/שׁכן, קבר *a*, שׁלֵם, שׁבר, כבד,
שׁפך, קָטֵר *a*, גדל, לכד, הִתְיַצֵּב, הִשְׁלִיךְ,
כִּפֶּר, יִלְבְּשׁוּ בֹּשֶׁת לבֵשׁ/לבשׁ

מכר, הִסְתִּיר *a*, למד, הִשְׁמִיד, סגר, מִלֵּט,
כשל, תפשׂ, הִשְׁכִּים, פרשׂ, שׁבת, משׁל,
זִמֵּר, קשׁב, כִּבֵּס, דבק, הִשְׂכִּיל, דרך,
קטל, קטֹן, כִּזֵּב, גנב, הִבְדִּיל.

IG/ר (Verben mit Guttural oder ר als erstem Konsonanten; חכם *æ*: PK יֶחְכַּם, חדל: PK *a* יַחְתֹּם)

a) harte Verbindung (z. B. יַחְתֹּם)
חמד, חתם, חכם *æ*, חלק, חדל, חפץ *æ*;
Iר: רכב, רדף.

b) weiche Verbindung (z. B. יַעֲמֹד)
הֶאֱמִין, נֶאֱמַן, אסף *o-æ*, עזב, עבד, עמד,
חלם, הֶאֱזִין, חלק, עזר;
+ IIG אחז *o-æ*;
+ IIר: הרג, ערך, הֶחֱרִים, אמץ *æ*, חרף *æ*,
חרב *æ*.

c) harte und weiche Verbindung
(z. B. יֶאְסֹר und יֶאֱסֹר) עבר, חזק *æ*, חשׁב,
הפך, אסר *o-æ*;

+ IIG: אהב, אהֵב *æ*,

IIG/ר (Verben mit Guttural oder ר als zweitem Konsonanten)
IIG: בחר, שׁאל, נִלְחַם, שׁחַת, שׁאר, נִשְׁאַר,
מאס, שׁחט, מִהַר, טהֵר, גאל, זעק/צעק,
צחק/שׂחק, פעל, רחק, בער I, נחל, רחץ,
בער I, לֹא תִנְאָף: נאף, הִקְהִיל, מֵאֵן, רִחַם
I;
IIר: בֵּרַךְ, קרב *a*, כרת, דרשׁ, שׂרף, שֵׁרֵת.

IIIG (Verben mit Guttural als drittem Konsonanten)
בטח, זבח, פתח, שׂמח, נִשְׁבַּע, שׁלח, שׁמע,
צלח, נִצַּח pi, תקע, משׁח, שׁכח, שׂבע,
פשׁע, בלע, סלח, בקע, קרע;
+ Iר: רצח: לֹא תִרְצָח;
+ IIר: זרע, ברח.

Iא (Verben mit **א** als erstem Konsonanten)
אבד, אכל, אמר;
+ IIIו/י: אבה (לֹא), אפה;
Merkvers: *Ein Mann wollte* אבה () *Kuchen backen* (אפה). *Sprach's* (אמר), *aß* (אמר) *und ging zugrunde* (אבד).
Iא und IG: אחז, אהֵב/אהב, אסף.

Iנ (Verben mit נ als erstem Konsonanten) und לקח
נִחַם, הִצִּיב, נגשׁ *a*, הִצִּיל, הִגִּיד, נפל, נתן *e*,
נדר *a*, נשׁק, נִכַּר, נגף, נצר, הִבִּיט *o(a)*;
+ IIIG: לקח *a*, נגע *a*, נסע *a*, נטע *a*;
+ IIIא: נשׂא, נִבָּא ni;
+ IIIו/י: הִטָּה, נטה, הִכָּה.

I' (Verben mit ' als erstem Konsonanten)
הֵימִין, יָשֵׁן, הֵילִיל, יקץ, ינק, יטב;
Merkvers: Wehklage (הֵילִיל) nicht, wenn beim Erwachen (יקץ) ein Floh dir saugt (ינק) das Blut: Gleich geht er rechts (הֵימִין) zum Nebenmann. Schlaf (יָשֵׁן) weiter, schon ist's wieder gut (יטב).

+ IIצ/שׁ/ס mit Formen nach
I נ: הִצִּיג, הִצִּית, יצת, יצר, ישׁר;
Iנ, Iו: יִסַּר, יסר, ni יִוָּסֵר;
I', Iנ, Iו: הִצִּיק, יצק;

Iו und הלך
qPK יֵשֵׁב: הלך, ישׁב, ידע, ילד, ירד;
+ IIIא: יצא.
Merksatz: *Ein Mann ging aus* (יצא) *der Stadt, ging zum Jordan hinab* (ירד), *setzte sich dort nieder* (ישׁב), *erkannte* (ידע) *eine Frau, sie gebar* (ילד) *einen Sohn und er ging weg* (הלך).

qPK יִירַשׁ: ירשׁ, יעץ, יבֵשׁ,
+ IIIא: ירא;
qPK nicht belegt: הוֹשִׁיעַ, נוֹתַר, הוֹכִיחַ, יהב (nur Imp. הַב, הָבוּ);
+ IIIוי: הוֹרָה, הוֹדָה: II ירה,
I ירה;
beachte:
יסף: q/hi PK יוֹסִף, יכֹל: PK יוּכַל.

IIIא (Verben mit א als drittem Konsonanten)
I קרא, מצא, מָלֵא, טָמֵא, חטא, II קרא,
קִנֵּא, ברא, נִפְלָא, שָׂנֵא;
+ Iר: רפא;
+ Iנ: נשׂא, ni נִבָּא;
+ Iו: יצא, יָרֵא;
+ L בּוֹא.

IIIוי (Verben mit ו oder ' als drittem Konsonanten)
הִשְׁתַּחֲוָה, גלה, כלה, שׁתה, רבה, בנה, צִוָּה,
קנה, זנה, בכה, פנה, כִּסָּה, קרה, רעה,
שׁבה, קִוָּה, תעה, רצה, פדה, הִשְׁקָה.

+ IG weiche Verbindung
עשׂה, עלה, I ענה, חנה, חרה, II ענה, חלה,
הרה, חזה;
+ Iא: אבה (לֹא), אפה;
+ Iנ: הִטָּה, נטה, הִכָּה, ni נִקָּה, pi נִסָּה;
+ Iו: הוֹרָה, הוֹדָה, I ירה;
ferner: היה, ראה, חיה.

R (Verben mit reduplizierten zweiten Konsonanten, Bezeichnung auch: ע"ע)
הִתְפַּלֵּל, קלל, שָׁמֵם, חִלֵּל, הִלֵּל, סבב, רעע,
חנן78, חתת, I צרר, רנן,
אֵרֵר, ארר, תמם, מדד, (בְּרִית) הֵפֵר, II צרר *a*, רבב, קדד.

L (zweikonsonantische Verben mit langem Vokal (Bezeichnung auch:ע“יו)

L*ū*/*ō* שׁוּב, מוּת, טוֹב, קוּם, סוּר (+ ר), נָכוֹן, גּוּר, רוּץ, בּוֹשׁ, נוּחַ, נוּס, רוּם, כּוֹנֵן, הֵכִין, הֵעִיד, נוּעַ, זוּב, הֵרִיעַ (+G), עוּר;

+ Iא: אוֹר;

+ א als letztem Konsonanten: בּוֹא.

L*ī* שִׂים, בִּין, שִׁיר, שִׁית, רִיב, הֵקִיץ, יִיקַץ, דִּין; + L*ū*: לוּן/לִין.

Doppelt schwache Verben

IIIא + Iנ: נשׂא, ni נִבָּא;

+ Iי: יצא, יָרֵא;

+ L: בּוֹא;

IIIיו + Iא: אבא (לֹא), אפה;

+ Iנ: הִכָּה, נטה, הִטָּה, נִקָּה;

+ Iו: הוֹדָה.

ferner: היה, ראה, חיה.

5.1b) Substantive/Adjektive

Nomenklasse 0/0f (Maskuline und feminine Nomina mit unveränderlichen Vokalen)

גּוֹי, קָמִים, רָעָה, טוֹבָה f., טוֹב, מֵת, אֱלֹהִים, פַּרְעֹה, עֹלָה, בְּרִית, מְאֹד, נְאֻם, רוּחַ, קוֹל, תּוֹרָה, חֻקָּה, אֵל, גְּבֻלָה/גְּבוּל, אַמָּה צֹאן, צַדִּיק,

חוּץ, דּוֹר, רֹעֶה מִצְוָה, רִאשׁוֹן, רֵעַ, רָם, חוֹמָה, סוּס עֲבוֹדָה, חַיִּים, גִּבּוֹר, מַשְׁחִית, רָץ עַמּוּד, תְּשׁוּעָה/יְשׁוּעָה, בְּכֹר, כֹּחַ, אוֹר, בָּמָה,

זְרוֹעַ, *92* גֵּר, זוֹנָה, שַׁמָּה, חַיָּה, חֲמוֹר, עוֹר, שׁוֹר, אוֹת, שָׂרָה, שַׂר, שִׁירָה/שִׁיר, כְּרוּב, זָר, עוֹף, קִיר, צוּר, סֶלָה, תְּרוּמָה, תְּפִלָּה, צָרָה, כְּסִיל,

אֶבְיוֹן, רִיב, שְׁאוֹל, יְאֹר, חֲלוֹם, אֲחֻזָּה, עֵד, תְּהִלָּה, מִזְמוֹר, גַּנָּה, אֱלוֹהַּ, מַשְׂכִּיל, אַחֲרִית, שָׁוְא, עֶלְיוֹן, מַצָּה, מִדָּה, שְׂמֹאול, דְּבַשׁ, בְּתוּלָה,

גּוֹלָה, אֱנוֹשׁ, מָתְנַיִם, שַׁדַּי, מַכָּה, אֱמוּנָה, בִּינָה, רַחֲמִים, אֲשֵׁרָה, תְּבוּנָה, יָפָה, זָבָה, רִנָּה, תְּרוּעָה, תְּהוֹם, תֵּבֵל, בְּאֵר, מְלֹא, תְּחִלָּה, מְלוּכָה, שְׁאָר, פָּרָה, אֱוִיל, תּוֹדָה, קַנּוֹא, כִּפֻּרִים, רַחוּם, חַנּוּן, אַסִּיר, דִּין, מְגִלָּה, סוּף, סוּסָה *1*.

Nomenklasse I*a*: Maskuline Nomina mit veränderlichem letzten Stammvokal *a*

מִדְבָּר, דָּם, נוֹרָא, מִשְׁפָּט, עוֹלָם, יָד f., שַׁבָּת, נִצָּב, מִסְפָּר, מִשְׁכָּן, מַלְאָךְ,

הֵיכָל, קָרְבָּן, אוֹצָר, גּוֹרָל, מִזְרָח, מִקְדָּשׁ,
שׁוֹפָר, שֻׁלְחָן, נִפְלָאוֹת, מוּסָר, I מַשָּׂא,
כּוֹכָב, נֵכָר, II מַשָּׂא, מִשְׁמָר, גַּנָּב, קַנָּא.

Nomenklasse I*i*: Maskuline Nomina mit veränderlichem letzten Stammvokal *i*
יֹשֵׁב, שֵׁם, כֹּהֵן, שֹׁמֵר, מִזְבֵּחַ, עֵץ, עֹבֵד, אֹיֵב,
יֹרֵשׁ, מוֹעֵד, שֹׁפֵט, אֹהֵב, אַחֵר, סֹפֵר, שֹׂנֵא,
מְשַׂנֵּא, יֵשׁ, כִּסֵּא גֹּאֵל,

מְשָׁרֵת, מְשׁוֹמֵם, מְשׁוֹרֵר, עֹזֵר, יוֹעֵץ, מֹכֵר,
מֹשֵׁל, רֹכֵב, רֹפֵא, מְנַצֵּחַ, יוֹצֵר, נֹצֵר, מְרַצֵּחַ,
יוֹנֵק, צֹרֵר.

Nomenklasse If: Feminine Nomina mit veränderlichem letzten Stammvokal
שָׁנָה, אַלְמָנָה;
עֵדָה, חֵמָה, תּוֹעֵבָה, עֵצָה, פֵּאָה, תּוֹלְדוֹת־,
מַצֵּבָה, שֵׁנָה.

Nomenklasse II: Maskuline Nomina mit veränderlichem vorletzten Stammvokal
גָּדוֹל, אֲדֹנָי, מָקוֹם, סָבִיב, אָדוֹן, בָּרוּךְ, נָבִיא ,
שָׁלוֹם, עָוֹן, אֲרוֹן, כָּבוֹד,

בָּחוּר, נָבוֹן, צָפוֹן, יָמִין, נָשִׂיא, לָשׁוֹן, קָדוֹשׁ,
לָבוּשׁ, תָּמִיד,

טָהוֹר, תָּמִים, הָמוֹן, רָחוֹק, קָרוֹב, אָרוּר,
רָצוֹן, נָגִיד, יָתוֹם, חָרוֹן, מָשִׁיחַ, אָתוֹן, חָסִיד,
עָשִׁיר, מָאוֹר, אָסִיר, פָּקִיד, עָרוּם; זִכָּרוֹן.

Nomenklasse III: Maskuline Nomina mit zwei veränderlichen Stammvokalen
a) דָּבָר, לֵבָב, אָדָם, צָבָא, זָהָב, בָּשָׂר, רָשָׁע,
בָּקָר, חָכָם, קָהָל, יָשָׁר, נָהָר, עָפָר, כָּנָף,
רָעָב,
חָלָל, עָנָן, זָכָר, שָׁלָל, חָמָס, חָזָק, עָמָל,
חָדָשׁ, מָחָר, חָלָב, מָשָׁל, כָּזָב, נָחָשׁ, לָבָן,
שָׂטָן, שָׂרָף.

b) יָרֵא, מָלֵא, קָרֵב, טָמֵא, זָקֵן, מְאָהֵב ,
חָצֵר, שָׂמֵחַ, כָּבֵד, שָׁלֵם, שָׂבֵעַ, חָפֵץ, יָבֵשׁ,
חָרֵב, יָרֵחַ, יָשֵׁן.

Nomenklasse IIIf: Feminine Nomina mit zwei veränderlichen Stammvokalen
אֲדָמָה, צְדָקָה, בְּרָכָה, שְׁמָמָה, צְעָקָה/זְעָקָה,
רְבָבָה; נְבֵלָה.

Nomenklasse IV: Maskuline Segolata (Betonungsmuster: מֶ֫לֶךְ) c.= masc./f(em).
a) מֶלֶךְ, f. אֶרֶץ, עֶבֶד, f. נֶפֶשׁ, c. דֶּרֶךְ, קֹדֶשׁ,
f. חֶרֶב, כֶּסֶף, שַׁעַר, אֹהֶל, לֶחֶם, חֹדֶשׁ, f.
אֶבֶן, f. רֶגֶל, חֶסֶר, נַעַר, זֶרַע, קֶרֶב *i*, בֶּגֶד *i*,
בֹּקֶר,

שֶׁמֶן, שֵׁבֶט, f. אֹזֶן, סֵפֶר, פֶּתַח *i*, זֶבַח *i*, בַּעַל,
נַחַל, עֶרֶב, c. שֶׁמֶשׁ, c. עֶצֶם, כֶּבֶשׂ/ כֶּשֶׂב,
צֶדֶק *i*, רֶכֶב *i*, f. פַּעַם, שֶׁקֶר *i*, נֶגֶב *æ*, רֹחַב,

אֹרֶךְ, יֶתֶר *i*, פֶּשַׁע *i*, חֵלֶב , כֶּרֶם, עֵבֶר *æ*,
יֶלֶד, שֶׁקֶל *i*, קֶדֶם, שֶׁלֶם, חֹשֶׁךְ, נֶגַע *i*, קֶרֶן,
אֶרֶז, חֶבֶל, f. בֶּטֶן *i*, עֵמֶק *i*, קֶבֶר *i*, גֶּבֶר,
חֵלֶק*æ*, נֵדֶר/נֶדֶר *i*, סֶלַע, f. גֶּפֶן,

פֶּסַח, עֵזֶר, יַחַד, נֵצַח/נֶצַח *i*, חֵפֶץ, עֹשֶׁר,
פֹּעַל, עֵגֶל *æ*, שֹׁרֶשׁ, כֶּלֶב, רֶחֶם, חֵרֶם *æ*,
פֶּלֶא, אֶלֶף.

b) mit ו / י als zweitem Konsonanten
עַיִן, אַיִן, תָּוֶךְ, חַיִל, לַיִל, אַיִל, מָוֶת , יַיִן, אָוֶן,
זַיִת.

Nomenklasse IVf: Feminine Nomina von maskulinen Segolata

גִּבְעָה, חֶרְפָּה, שִׂמְחָה, חָכְמָה, מִנְחָה, נַחֲלָה,
קִנְאָה, יִרְאָה, עֶזְרָה, אַהֲבָה, שִׁפְחָה, נַעֲרָה,
עֶגְלָה, תִּקְוָה, מָחֳרָת, מַלְכָּה, טֻמְאָה, חָרְבָּה,
כִּבְשָׂה/כִּשְׂבָּה.

Nomenklasse IV^N f: Feminine Segolata von maskulinen Nicht-Segolata

מִשְׁפָּחָה, מִלְחָמָה (מִלְחֶמֶת), מְיַלֶּדֶת,
מִשְׁפַּחַת־, חַטָּאת, מַמְלָכָה, מַמְלֶכֶת,
נְחֹשֶׁת, אַחֶרֶת, מְלֶאכֶת, מְלָאכָה,
קְטֹרֶת, קֶשֶׁת, מִשְׁמֶרֶת, דֶּלֶת, דַּעַת,
אִוֶּלֶת, בֹּשֶׁת, מֵינֶקֶת, מַצֶּבֶת/מַצֵּבָה,
קֹהֶלֶת m., יַבֶּשֶׁת, יַבָּשָׁה, שִׁבֹּלֶת/סִבֹּלֶת.

Nomenklasse V: Maskuline Nomina mit verdoppeltem Endkonsonanten

a) einsilbige Nomina

הָהָר, הַר, רָע / רַע, לֵב, עָם/עַם, כָּל־, כֹּל,
f., חֵי־, חַי, אַף II, עֵת f., אֵשׁ f., יָם, שַׁר, רַב,
הַפָּר, פַּר, חֹק, רֹב, (לְ)בַד, כַּף f., אֵם,

שֵׁן, גַּן, חָג, חַג, קֵץ, חֵן, צַר II, צָר, עֵז, עֹז;
קַל, צַר I, עֹל, שַׂק, דַּל, צֵל, חֵץ, שִׁנַּיִם.

b) mehrsilbige Nomina
– mit unveränderlichem vorletzten Stammvokal: מָגֵן, בַּרְזֶל, מְעַט.
– mit veränderlichem vorletzten Stammvokal: אָדָם, גָּמָל, קָטָן/קָטֹן, אֱמֶת f.

Nomenklasse VI: Maskuline Nomina auf *ī* und *ū*

a) Nicht-Segolata mit veränderlichem vorletzten Stammvokal: נָקִי(א), עָנִי.

b) Segolata: עֳנִי, נָכְרִי, שְׁבִי, אֲרִי, פְּרִי, חֲצִי,
בֹּהוּ, גְּדִי, תֹּהוּ, חֳלִי.

Nomenklasse VIf: Feminine Nomina auf *īṯ* und *ūṯ*.

גָּלוּת, מַמְלָכוּת/מַלְכוּת, (= **I0f**) בְּרִית
רֵאשִׁית, (= **I0f**) אַחֲרִית, שְׁאֵרִית, עֵדוּת.

Nomenklasse VII: Maskuline Nomina auf *ǣ* (*ē*)
– mit unveränderlichem vorletzten Stammvokal:

חֹזֶה, קֹנֶה, רֹעֶה, רֹאֶה, בֹּנֶה, מַטֶּה, עֹשֶׂה,
מַחֲנֶה, מַעֲשֶׂה, (2x) מוֹרֶה, אֹפֶה, שֹׁבֶה,
מִשְׁתֶּה, מִקְנֶה, אַרְיֵה, מַרְאֶה.

– mit veränderlichem vorletzten Stammvokal

יָפֶה, קָנֶה, שָׂדַי/שָׂדֶה, פָּנִים: פָּנֶה.

Nomina besonderer Bildungsweise

Diese Nomina gehören oft im Singular und Plural je verschieden Nomenklassen an.

	Mann	*Frau*	*Sohn*	*Tochter*	*Schwester*	*Schw.*
Sg.	אִישׁ 0	אִשָּׁה f., אֵ֫שֶׁת IV*i*	בֵּן/בֶּן־, בִּן I	בַּת V*i*	אָחוֹת II	חָמוֹת II
Pl.	אֲנָשִׁים, אַנְשֵׁי III	נָשִׁים I	בָּנִים I	בָּנוֹת If	אָחוֹת If+	---

+ mit Suffixen auch אַחְיֹתַי usw. *Schw. = Schwiegermutter*

	Stadt	*Kopf*	*Tag*	*Haus*	*Vater*	*Bruder*	*Mund*
Sg.	עִיר f. 0	רֹאשׁ 0	יוֹם 0	בַּ֫יִת IV	אָב, cs. אֲבִי	אָח, cs. אֲחִי	פֶּה, cs. פִּי
Pl.	עָרִים 0	רָאשִׁים 0	יָמִים I	בָּתִּים+ 0	אָבוֹת If	אַחִים, אֲחֵי	פִּיּוֹת, פֵּיוֹת 0

+*bātīm*

אָב, אָח, חָם *Schwiegervater* mit Suffix אָבִי, אָבִיךָ, אָבִיו/אָבִ֫יהוּ, אֲבִיכֶם. Ebenso פֶּה: פִּי, פִּיךָ, פִּיכֶם.

	Magd+	*Lippe+*	*Tür+*	*Himmel*	*Wasser*
Sg.	אָמָה, אַמְהַת IIIf	שָׂפָה I	דֶּ֫לֶת f., דַּלְתִּי IV	Scheinbare Duale, jedoch Pluralneubildungen	
Pl.	אֲמָהוֹת IIIf	שְׂפָתוֹת IIIf	דְּלָתוֹת IVf	שָׁמַ֫יִם I	מַ֫יִם, מֵי/מֵימֵי°

+אָמָה behandelt ה im Sg./Pl., שָׂפָה und דֶּ֫לֶת behandeln das ת im Pl. als Stammradikal.

° mit Suffix מֵימַי usw.

בְּהֵמָה *(Groß)vieh*, cs. בֶּהֱמַת mit Suffix בְּהֶמְתִּי usw., Pl. בְּהֵמוֹת, בַּהֲמוֹת.

שֶׂה *Schaf*, cs. שֵׂה, bildet mit Suffixen שֵׂיוֹ, שְׂיֵ֫הוּ; der Plural ist nicht belegt

5.2 Nomen: Übersicht über die Flexion

Termini:

Sg. = Singular, abs. = absolutus; cs. = constructus; Suff. = Suffix/e; l. = leichtes Suffix; š. = schweres Suffix; Pl. = Plural)

Die schweren Suffixe (Sg/Pl 2m/f: כֶן/כֶם Pl 3m/f הֶן/הֶםן) bilden eine geschlossene Silbe und ziehen den Ton auf sich. Die übrigen Suffixe sind leicht, nur Sg. 2m wird mit Sch^{e}wa angeschlossen.

Nomina verändern ihre Vokalisation (oder bei VI VII auch die Konsonanten), wenn Tonverschiebungen eintreten und/oder Endungen hinzutreten.

Grundregeln
Im Plural gilt:

Bei maskulinen Flexionsformen treten die leichten Suffixe an den abs., die schweren an den cs., bei femininen Flexionsformen treten alle Suffixe an den cs.

Im Singular können die Suffixe an vier verschiedene Ausgangsformen treten: Sg abs., cs.; leichte Suffixe der Sg 1.2f - Pl 1; Sg. 2m

Zusammenfassung:

Theoretisch könnten maximal 6 verschiedene Vokalisation eines Nominalstammes begegnen. Oft gehen jedoch Vokalisationen parallel. So gilt die Vokalisation einer grau unterlegten Form bis zur nächst aufgeführten. Auf Sg./Pl. absolutus (abs.: Lexikonform) und constructus (cs.) ist besonders zu achten. Sie sind bei Vokalisationsabweichung einzuprägen. So bei III, während es bei 0,0f. ausreicht, lediglich Sg. abs. zu lernen.

A	Nomina mit Suffixen			ø Pl. a +l.	cs. + š.	
	Sg. abs.	cs.	Suffixe	Fem Pl. a	cs. + Suff.	
0, 0f	סוּס, סוּסָה					*Pferd, Stute*

Erläuterung: Bei 0 und 0f gilt die Vokalisation des Sg. abs. für alle Formen

C	Sg. abs.	cs.	Suff. l	Sg 2m./š.			
I *i*	קֹטֵל *ē*	e^{β}	//Pl. abs.	קֹטֶלְךָ$^{\delta}$	קֹטְלִים $^{\varepsilon}$		*tötend*
	שֵׁם	*e*,־שֶׁם	//Pl. abs.	שִׁמְךָ	שֵׁמוֹת	שְׁמוֹת	*Name*

Erläuterung: Da es günstig ist, sich Sg./Pl. abs./cs. einzuprägen, wird bei gleicher Vokalisation die Sg.-Form dem Plural parallelisiert: hier leichte Suffixe gehen Plural abs. parallel, also קֹטְלִי, שְׁמִי usw. Die Vokalisation bei קֹטְלִים gilt für alle Flexionsformen im Plural sowie für die leichten Suffixe im Singular.

A	Nomina mit Suffixen			ø Pl. a +l.	cs. + š.	
	Sg. abs.	cs.	Suffixe.	Fem Pl. a	cs. + Suff.	
0, 0f	סוּסָה, סוּס					*Pferd, Stute*
If *a i*	שֵׁנָה ,° שָׁנָה	שְׁנַת $^{\beta}$		//Sg. abs.	//Sg. cs.	°*Jahr, Pl. auch Ø; Schlaf*
a	מַמְלָכָה	מַמְלֶכֶת	מַמְלַכְתִּי	//Sg. abs.	מַמְלְכוֹת	*Königsherrschaft*
i	קֹטֶלֶת $^{\alpha}$	=	קֹטַלְתִּי	קֹטְלוֹת		*tötend*
	קֹטֵלָה	קֹטְלַת	↰			
II *a i*	מֵקִים ,פָּקִיד	פְּקִיד $^{\beta}$				*Aufseher, aufrichtend*
IIIf *a/i-a*	נְבֵלָה ,צְדָקָה $^{\alpha}$	צִדְקַת $^{\beta}$		//Sg. abs.	//Sg. cs.	*Gerechtigkeit, Leichnam*
IV *a*	מֶלֶךְ	=	מַלְכִּי[1]	מְלָכִים	מַלְכֵי$^{\sim 1}$	*König*
i	סֵפֶר $^{\alpha}$	=	//Pl. cs.$^{\gamma}$	סְפָרִים $^{\varepsilon}$	סִפְרֵי $^{\zeta}$	*Buchrolle*
u	קֹדֶשׁ $^{\alpha}$	=	//Pl. cs.$^{\gamma}$	קֳדָשִׁים *å*	קָדְשֵׁי $^{\zeta}$ *å*	*Heiliges*
*a*w/y	זַיִת ,מָוֶת	זֵית ,מוֹת				*Tod, Ölbaum*
IVf *a*	מַלְכָּה[1] $^{\alpha}$			מְלָכוֹת	מַלְכוֹת$^{\sim 1}$	*Königin*
i u	טֻמְאָה,כִּבְשָׂה $^{\alpha}$			↰ $^{\varepsilon}$	//Sg. abs. $^{\zeta}$	*junges Schaf, Unreinheit*
V *a*	עָם/עַם	עַם	עַמִּי			*Volk*
i u	עֵת *ē*; עֹל $^{\alpha}$ *ō*	*e*; *o*$^{\beta}$, עָל-*å*	עֻלִּי ;עִתִּי $^{\gamma}$			*Zeit; Joch*
VI*	עִבְרִי $^{\alpha}$	=$^{\beta}$	עִבְרִיִּ $^{\gamma}$	→,עִבְרִים $^{\varepsilon}$		*Hebräer*
VIf *u*	מַלְכוּת			מַלְכֻיּוֹת		*Königtum*
i	מִצְרִית			מִצְרִיּוֹת		*Ägypterin*
VII	רֹעֶה	רֹעֵה	רֹעֵהוּ ,רֹעִי			*Hirte*
	מַעֲשֶׂה	מַעֲשֵׂה/'שֵׂי	מַעֲשֶׂ(י)ךָ/'שַׂי			*Werk*
VIIf	רֹעָה					*Hirtin*

IV *i* $^{\alpha}$נֹדֶר neben נֵדֶר *Gelübde*; $^{\alpha\text{-}\gamma}$ Q Infc. I*n*, I*w*: לָגֶשֶׁת (נָגַשׁ *sich nähern*), לָשֶׁבֶת (יָשַׁב *wohnen*); לְשִׁבְתִּי ,לְגִשְׁתִּי; $^{\alpha\text{-}\gamma}$IV *u* Q Infc. לִקְטֹל ,לָקָטְלִי.	
+ IG	If *i* $^{\beta}$עֲצַת (עֵצָה *Rat*); II $^{\beta}$ אֲסִיר (אָסִיר *Gefangener*); IIIf *a* $^{\alpha}$אֲדָמָה *Erdboden*, $^{\beta}$ אַדְמַת; IV *i* $^{\varepsilon.\zeta}$ עֲגָלִים ,עֶגְלֵי (עֵגֶל *Jungstier*); IVf *i* $^{\varepsilon}$ עֲגָלוֹת (עֶגְלָה *Jungkuh*); *u* $^{\alpha}$ חָרְבָּה[1] *Trümmerstätte*, $^{\varepsilon.\zeta}$ חֳרָבוֹת ,חָרְבוֹת$^{\sim 1}$; V/III $^{\alpha\text{-}\gamma}$ אָדֹם *rot*, אֲדֹם ,אֲדֻמִּי; VI/II $^{\alpha}$ עָנִי , $^{\beta\text{–}\varepsilon}$ עֲנִי ,עֲנִיֵּי.
+ IIG	IVf *a* $^{\alpha}$ נַעֲרָה *junges Mädchen*.
+ IIIG	If *a* $^{\alpha}$ יֹדַעַת *wissend*; IV *i*$^{\alpha}$ נֵצַח *Glanz*.

B				ø Pl. a +l.	cs. + š.	
	Sg. abs.	cs. + š.	Suff. l	Fem Pl. a	cs. + Suff.	
I *a*	מִשְׁפָּט	מִשְׁפַּט	//Sg. abs.	//Sg. abs.	מִשְׁפְּטֵי	*Gericht*
	יָד	יֶדְכֶם/ יַד	↑	f.//Sg. abs.	יְדוֹת	*Hand*
III*a/i-a*	דָּבָר[α], °לֵבָב	דְּבַר[β]	//Pl. abs.	דְּבָרִים[ε]	דִּבְרֵי[ζ]	*Wort;°Herz,Pl.f.*
a-i	זָקֵן	↑	//Pl. abs.	זְקֵנִים	↑	*alt*
VII/III	שָׂדֶה[1]	שְׂדֵה[2]	//Pl. abs.	שָׂדִים[1]	שְׂדֵי[2]	*Feld, Pl. auch f.*
V/IIר	שַׂר[1]/שָׂר[2]	שַׂר[1]	שָׂרִי[2]			*Vorsteher*

C	Sg. abs.	cs.	Suff. l	Sg 2m./š.			
I *i*	קֹטֵל *ē*	*e*[β]	//Pl. abs.	קֹטֶלְךָ[δ]	קֹטְלִים[ε]		*tötend*
	שֵׁם	*e*,שֶׁם־	//Pl. abs.	שִׁמְךָ	שֵׁמוֹת	שְׁמוֹת	*Name*
+IIIG	מִזְבֵּחַ	מִזְבַּח	//Pl. abs.	מִזְבַּחֲךָ	מִזְבְּחוֹת		*Altar*
IV+IIG[w]	נַעַר	=	//Pl. cs.	נַעַרְךָ	נְעָרִים	נַעֲרֵי	*junger Mann*
	פֹּעַל	=	//Pl. cs.	פָּעָלְךָ *å*	↑	פָּעֳלֵי *å*	*Tat*
VI*	גְּדִי	=	גְּדִיִי	גֶּדְיְךָ	גְּדָיִים		*Zicklein*

B	+ IG	III [β.ε.ζ] חֲכַם, חֲכָמִים, חַכְמֵי (חָכָם *weise*); [ζ] נֶאֱמְנֵי (נֶאֱמָן *treu*).
	+ IIG, IIIא	III [ζ] נַהֲרֵי (Pl. auch f.; נָהָר *Fluss*), [α] צָבָא *Heer*, [β] צְבָא *(Pl. //IIIf)*
C	+ IIG	I *i* [δ.ε] אֹהַבְךָ, אֹהֲבִים (אֹהֵב *Freund*), מְנַחֶמְךָ, מְנַחֲמִים (מְנַחֵם *Tröster*).
	+ IIy, IIIא	I *i* [δ] אֹיִבְךָ(אֹיֵב *Feind*), [β]מֹצֵא *hinausgehend* abs./cs. *ē*.

Zu Nomina mit besonderer Bildungsweise siehe oben §5 am Ende der Nomenklassen.
Die Häufigkeitsangaben zu den Nomina der Übersichten sind § 7 zu entnehmen.

5.3 Vokalisation der a) Präformativsilbe (PK Sg. 3.m.; י vertritt ת, א, נ)

Bei *i* (Spalte 1 und 2) und *Sch*[e]*wa* (letzte Spalte) variiert Sg. 1; R/L und Q Iw verflüchtigen bei Suffixen (letzte Spalte). Zweiradikalige Verbwurzeln begegnen bei In, Iw, R, L, IIIwy. Hat der vorletzte Radikal Dagesch forte liegt In, oder R und L vor.

	i; [1]Sg. 1. 'אֶ	←; *æ*	*ī*	*ē (e)*	*a*	*ā*	*ō*	*å/u*	*ū*	*i/a>*[e] 'אֱ
Q	יִקְטֹל	IG יֶאֱסֹר	I*y* יִיטַב	I*w* יֵשֵׁב	IG יַחְתֹּם		I' יֹאכַל[2]	Q p. יֻקַּח	I*w* יוּכַל	I*w*[S.] -יְשְׁב
				III*wy* יֵגֶל	+IG יַעַל					III*wy* יְהִי
	I*n* יִפֹּל			+III*wy* יֵט				I*n* יִתֵּן		R/L תְּ–נָּה
	R יִסֹּב			R/L יֵקַל		R/L יָסֹב				R [S.] –יְסֻבּ
				L יֵבוֹשׁ		L יָקוּ/ים				L [S.] –יְקוּ/ים
Hi				I*y* יֵיטִיב	יַקְטִיל		I*w* יוֹשִׁיב			R/L תְּ–נָּה
		III*wy* יֶגֶל		+I*n* יַךְ	+IG יַעַל	R יָסֵב				R [S.] –יְסֵב
					+I*n* יַךְ	L יָקִים				L [S.] –יְקִים
Ni	יִקָּטֵל			IG יֵעָמֵד	**Ho**			יָ/יָקְטַל	I*w* יוּשַׁב	
	R יִסַּב			R יֵרוֹעַ					R יוּסַב	
	L יִקּוֹם			L יֵעוֹר					L יוּקַם	
Hit	יִתְקַטֵּל	**Pi/Pu**								יְקַטֵּל

[1]Sg. 1: אֶתְקַטֵּל, אֶקָּטֵל, אֶפֹּל, אֶקְטֹל [2] Sg. 1. אֹכַל [S.] Suffix

אכל *essen*, אסר *binden*, בּוֹשׁ *sich schämen*, בִּין *verstehen*, ברךְ pi segnen, גלה *entblößen*, היה *sein, werden*, חתם *siegeln*, ישׁב (*wāšab>yāšab*) *wohnen*, יִיטַב/טוֹב *gut sein*, יכל können, לקח nehmen, נגשׁ *sich nähern*, נִחַם pi *trösten*, נטה ausstrecken, :נכה hi (er)schlagen, נפל *fallen*, נתן geben, סבב *sich wenden*, עוּר erregt sein, עלה hinaufgehen, עמד *stehen*, קוּם *aufstehen*, קטל *töten*, קלל *leicht sein*, רעע *schlecht/böse sein*.

b) Präformativ- und vorletzte Stammsilbe ([1]AK, [2]PK, [3]Imp., [4]Infc., [5]Infa., [6]Pt. (Hi-Hit +מ); [f.] feminin; [P.] Passiv; [S.] mit Suffix)

Der Präformativvokal variiert in AK-Pt nur bei R und L (letzte Spalte) sowie Q AK Ip Ifc Ptp (untere Spalte);
wie קטל verfahren hier IIG שחט 79, IIIG שלח 847, III’ מצא 455, IIIwy גלה 187 (außer apocopierte Formen)

	i (1Sg *æ*)	æ	*ē*	*a*	*ā*	*ō*	*å/u*	*ū*	*i/a* >[e] (IG [a])
Hi	הִקְטִיל[1]	IG הֶעֱמִיד[1]	I*y* הֵיטִיב	יַקְטִיל[2-6]		I*w* הוֹשִׁיב			R מְ/הֲסֵב-[1.6]
			RL הֵסֵב[1.6]		R יָסֵב[2-5]				L מְ/הֲקִים-[1.6]
			L הֵקִים[1.6]		L יָקִים				L[S.] –יָקִם
		III*wy* יֶגֶל[2.3]	+I*n*,IG	יַעַל, יַדְּ					RL[S.] –יָסֵב
Ni	יִקָּטֵל[2-5]				יִקָּטֵל[2-5]				
	נִקְטַל[1.5.6]	IG נֶעֱמַד[1.6]	IG יֵעָמֵד[2-5]	IG נַעֲמַד[5]		I*w* נוֹשַׁב[1.6]			
	R יִסַּב[2-5]	↵	+R יֵרוֹעַ[2-5]		R נָסַב[1.6]				R[f.] נְסַבָּה[6]
	L יִקּוֹם[2-5]	↵	+L יֵעוֹר[2-5]		L נָקוֹם[1.5.6]				L[f.] נְקוֹמָה[6]
Pi	קִטֵּל[1]			(יְ)קַטֵּל[2-6]		**Pu**	(יְ)קֻטַּל	**Pi**	אֲ' יְקַטֵּל
IIG/ר	נִחַם[1]		בֵּרַךְ[1]	(יְ)נַחֵם[2-6]	(יְ)בָרֵךְ[2-6]	(יְ)בֹרַךְ	(יְ)נֻחַם	**Pu**	אֲ' יְקֻטַּל
				Pi/Pu/Hit L=R (הִתְ)קוֹמֵם					
Hit	הִתְקַטֵּל	↵		הִתְקַטֵּל		**Ho**	הָ/הָקְטַל	I*w*=R/L	
			IIG/ר	הִתְנַחֵם	הִתְבָּרֵךְ		I*n* הֻגַּשׁ	I*w* הוּשַׁב	
Q (-PK, s. u.)		לְקַח[6p.]			קָט(וֹ)ל[1.5.6p.]	קֹטֵל[6]	לָקֻח[6p.]		קְט(וֹ)ל-[1.6p.]
	S. קְטַלְי[3]						S. קְטֹל י[4]		קְטֹל-[3-4]

’ vertritt bei PK ת, א, נ; zusätzlich מ beim Pt. im Hi-Hit.; als ’[2-5] ה; als ’[2-6] zusätzlich מ. - Pi (יְ)קַטֵּל[2-6] lies: [3-5]קַטֵּל, [2]יְקַטֵּל,
und [6]מְקַטֵּל. – Bei Pu (יְ)קֻטַּל ist auch [1]AK קֻטַּל einbezogen; denn Verbformen ohne Hochzahlen gelten für [1-6].

§6. Bildungselemente und Lautwandel

6.1 Partikel, Flexions- und Wortbildungselemente

(Nicht verwendet werden: ג,ד,ז,ח,ט,ס,ע,פ,צ,ק,ר,שׂ, d. h. ג,ד; ז-ט; ס-שׂ)

1.	vorgesetzte Partikel		ב		ו		כ	ל	מ		שׁ	
2.	Flexionselemente											
	1. beim Verb											
	1.1 vor den Radikalen:											
	a) Modifikation (Hit)	ø		ה, הת						נ		
	vor Sibilanten			הד/ז/ט								
	b) PK	א				י				נ		ת
	(Hit)	אֶת				יִת				נִת		תִּת
	c) Pt. (Hit)	ø							מְ, מִת	נ		
	1.2 in den Radikalen: Dagesch forte Pi-Hit	D.f.			ו	י						
	1.3 nach den Radika-len:											
	a) AK Sg.	ø		ה								ת, תִי,
	Pl.				וּ					נוּ		תֶן, תֶם
	b) PK	ø			וּ	י				נָה		
	c) Suffixe (siehe 2.2)											
	2. bei Nominalformen											
	2.1 nach den Radikalen (einschl. ה-locale)	ø		ה	וֹת	ים,י						ת
	2.2 Suffixe			ה, הוּ	ו, וֹ	י	ךָ, ךְ			נִי		
				הֶן, הֶם			כֶן, כֶם			נוּ		
3.	wichtige Wortbildungselemente (vgl. hierzu besonders Meyer § 40 und 41)											
	3.1 vor den Radikalen	א				י			מ			ת
	3.2.nach den Radikal					־ִי			־ָם	וֹן		
	3.3 in den Radikalen											

Beispiele zu 1 siehe §2.3 Präpositionen und Konjunktionen zu 2. siehe Verbal- und Nominallehre in jeder Grammatik, zu 3. siehe nächste Seite.

3.1	wichtige Wortbildungselemente vor den Radikalen		
		Bedeutung	*Beispiele*
	א	Erweiterung	אַרְבָּעָה vier gegenüber רְבִיעִי(ת) vierte(ns), אֲנַ֫חְנוּ gegenüber נַ֫חְנוּ wir, אַלְמָנָה Witwe
	מ	Abstraktum	מִצְוָה Befehl, מִשְׁפָּט Gericht
		Ort	מָקוֹם Ort, מִקְדָּשׁ Heiligtum, מִשְׁכָּן Wohnung, מִזְבֵּ֫חַ Altar
		Werkzeug	מָגֵן Schild (גנן umhegen, schützen), מְגִלָּה Schriftrolle (גלל rollen, wälzen), מַטֶּה Stab
		Partizip	מְנַצֵּ֫חַ Musikmeister?, מַשְׁחִית Verderber/n
	ת	Abstraktum	תְּבוּנָה Einsicht, תְּפִלָּה Gebet, תִּקְוָה Hoffnung, תּוֹרָה Weisung, תּוֹדָה Dank, תְּרוּעָה Lärm
3.2	wichtige Wortbildungselemente nach den Radikalen		
	ִי –	Beziehung, Zugehörigkeit zu	Volk: כְּנַעֲנִי, יְהוּדִי Kanaanäer, Judäer, נָכְרִי ausländisch; Ordnungszahl: שְׁלִישִׁי (vgl. auch 3.3)
	ִית–	feminin	כְּנַעֲנִית, יְהוּדִית Kanaanäer, Judäer; שְׁלִישִׁית
	וּת–	Abstraktum	מַלְכוּת Königtum, גָּלוּת Exulatenschar, Exil
	ָם–	Adverb(ieller Akkusativ)	יוֹמָם bei Tage, חִנָּם umsonst
	וֹן <*ān*	„Abstrakta, Adjektiva und Deminutiva" (Meyer § 41.1)	
		Abstraktum	זִכָּרוֹן Denkzeichen, שֻׁלְחָן Tisch, קָרְבָּן Darbringung, Gabe, רָצוֹן Wohlgefallen
		Adjektiv	רִאשׁוֹן erster, עֶלְיוֹן höchster, לְבָנוֹן weißer (Berg)
		Verkleinerungsform	שִׁמְשׁוֹן Sönnchen (Simson)
3.3	Wichtige Bildungselemente durch Vokale und Vokalbuchstaben in den Radikalen		
	a-ā	Adjektiv	גָּדוֹל groß, קָדוֹשׁ heilig
	a-ī	Adjektiv, auch substantiviert	יָמִין rechts, עָנִי elend, נָבִיא Prophet, אָסִיר Gefangener
	a-ū	Adjektiv und Partizip (pass.)	אָרוּר verflucht, בָּרוּךְ gesegnet
	(ᵉ–) ī - ī	Ordnungszahlen (§ 2.1)	שְׁלִישִׁי(ת), עֲשִׂירִי(ת), verkürzt שִׁשִּׁי(ת) (vgl. auch 3.2)

Anmerkung: a bei 3.3 *a-ā, a-ī, a-ū* wird gedehnt oder ab cs. verflüchtigt: גְּדוֹל.
Eine offene Silbe mit langem Vokal ist einer geschlossenen Silbe mit kurzen Vokal gleichwertig: שְׁלִישִׁי(ת) mit שִׁשִּׁי(ת) und אָסִיר mit אַסִּיר Gefangener.

§6.2 Lautwandel

Über Assimilation (Verba In), Reduplikation (R= ע"ע, Kontraktion (Iw), Apokope (IIIwy) und die verschiedenen Aussprachen der Begadkefat (b/w, g/g, d/th, k/ch /p/f, t/th) hinaus begegnen u. a. (siehe Meyer, § 22–29; L. Brunner, paasim, F. H. Baader, S. 14–49, M):

- Metathesis: כֶּשֶׂב / כֶּבֶשׂ.
- Synkope: אַבְשָׁלוֹם / אֲבִישָׁלוֹם.
- Wechsel der S-Laute: זעק / צעק, שׂחק / צחק, יִצְחָק / יִשְׂחָק, סִבֹּלֶת /שִׁבֹּלֶת.
- Erweiterung respektive Verkürzung des Stammes: יֵשֵׁב/ ישׁב, הלך / לֵךְ, לקח /קַח.
- Satem/Centum-Wechsel (s/c und c/s; insgesamt begegnen hier: ז,ס ,צ ,שׂ ,שׁ ↔ ג, כ, ק: z, s, ṣ, ś, sch ↔ g, k, q): שׁוֹר / gr. *ταῦρος* / dt. *Stier*; gr. *γράφω* / lat. *scribo* / dt. *schreib*en; engl. *clos*e / dt. *schließ*en.
- S-Laute ז,ס ,צ ,שׂ ,שׁ ↔ ד, ט, ת: z, s, ṣ, ś, sch ↔ d, ṭ, t): אֶרֶץ / dt. *Erd*e.
- Wechsel ר/ל: קרא / קוֹל; ר/נ: בֵּן /aram. בַּר „Sohn“; n/l: גנב / lat. *clep*o, gr. *κλέπτω* „stehlen“.
- Wechsel h/k: engl. *cott*age / dt. *Hütt*e.
- Wechsel von ע zu g, k, q: עַזָּה / gr. *γάζα* / dt. *Gaza*.

§7. Alphabetisches Register mit Häufigkeitsangaben (zu §2–6)

Analog zu *a* sind *e/æ/o* kurz (*qāṭal, kābed, qāṭon; qal,'em, hoq; ná'ar, nédær, nǽdær, bóqær*), zu *ā* lang (*dābār, zāqēn, qāṭōn*). Zur Umschrift siehe §1.2. Fehlt nach + eine Umschrift (z.B.אֲדֹנָי bei אָדוֹן), ist sie unter dem beigefügten Wort (אֲדֹנָי) zu finden. –

Bei den Häufigkeitsangaben bedeuten:

אָב 1211: אָב kommt 1211x vor,
אָח+אָחוֹת 743: אָח und אָחוֹת zusammen kommen 743x vor,
+גלה 244: גלה und weitere Repräsentanten dieser Wortfamilie kommen 244x vor;
+מלא+מָלֵא 351: מלא, מָלֵא und weitere Repräsentanten … kommen 351x vor,
אוֹ 321: unterpunktete Zahlen beziehen sich auf §2. –

Zur Analyse einer zweiradikaligen Verbwurzel siehe. § 5.3a) und b).
Infc. ergänzt bei I*n* und I*w* *t*: גֶּשֶׁת, שֶׁבֶת; +G גַּעַת, דַּעַת; +א שֵׂאת, צֵאת; beachte תֵּת → נתן.
Imp. I*n*, I*w* und III*wy* (apocopiert) lauten:

a	Q	נגשׁ → גַּשׁ	+G	נגע → גַּע	לקח → קַח	ידע → דַּע
	Pi	גלה → גַּל			Q+א> *ā*	נשׂא → שָׂא
e	Q	נתן → תֵּן	ישׁב → שֵׁב	הלך → לֵךְ	Q+א> *ē*	יצא → צֵא

Alle anderen zweiradikaligen Formen gehören zu R oder L.

אָב	*'āḇ*	1211
אבד	*'ā|ḇaḏ*	184
אבה	*'ā|ḇā*	54
אָבוֹת	*'ā|ḇōṯ*	→ אָב
אֶבְיוֹן	*'æḇ|yōn*	61
אֶ֫בֶן	*'ǽ|ḇæn*	269
אָדוֹן+אֲדֹנָי	*'ā|ḏōn*	773; §2.2
אָדָם	*'ā|ḏām*; §2.2	→ אָדֹם
+אָדֹם	*'ā|ḏōm*	778
אֲדָמָה	*'ᵃḏā|mā*	→ אָדֹם
אֲדֹנָי	*'ᵃḏō|nāy*	→ אָדוֹן
+אהב/אָהֵב	*'ā|ha/eḇ*	248
אֹהֵב	*'ō|hēḇ*	→ אהב
אַהֲבָה	*'ᵃhaḇā*	→ אהב
אֹ֫הֶל	*'óhæl*	345

אוֹ	*'ō*	321; §2.3
אוֹי	*'ōy*	24; §2.4c
אֱוִיל	*'ᵆwīl*	51
אוּלַי	*'ū|lay*	45; §2.4a
אִוֶּ֫לֶת	*'iw|wǽ|læṯ*	→ אֱוִיל
אָ֫וֶן	*'ā́|wæn*	80
אוֹצָר	*'ō|ṣār*	79
אור+אוֹר	*'ōr*	184
אוֹת	*'ōṯ*	79
אָז	*'āz*	141; §2.4a
הֶאֱזִין+אֹ֫זֶן	*hæ|'ᵆzīn*	228
אֹ֫זֶן	*'ó|zæn*	→ אזן
אָח+אָחוֹת	*'āḥ, 'ā|ḥōṯ*	743; §2.2
אֶחָד+אַחַת	*'æ|ḥāḏ,*	970; §2.1
אָחוֹת	*'ā|ḥōṯ*	→ אָח

אחז+אֲחֻזָּה	*'āḥaz*	133
אֲחֻזָּה	*'^{a}ḥuz|zā*	→ אחז
אַחַר/	*'a|ḥar/*	713;
אַחֲרֵי	*'a|ḥ^{a}rē*	§2.3/4a
אַחֵר+	*'a|ḥēr*	
אַחֲרִית	*'a|ḥ^{a}rīt̲*	227
אַחַת	*'a|ḥat̲*	→ אֶחָד
אֵי/אַיֵּה	*'ē / 'ay|yē*	84; §2.4a
אֹיֵב	*'ō|yēḇ*	282
אַיֵּה	*'ay|yē*	→ אֵי
אֵיךְ	*'ēḵ*	61; §2.4a
אֵיכָה	*'ē|ḵā*	17; §2.4a
אַ֫יִל	*'á|yil*	162
אַ֫יִן I	*'á|yin*	789; §2.4b
II		→ מֵאַ֫יִן
אֵיפֹה	*'ē|fō*	10; §2.4a
אֵיפוֹא	*'ē|fō*	→ אֵפוֹא
אִישׁ+	*'īš*	2967; §2.2
אַךְ	*'aḵ*	161; §2.4a
אכל	*'ā|ḵal*	809
אָכֵן	*'ā|ḵen*	18; §2.4a
אַל-	*'al-*	730; §2.4a
אֵל	*'ēl*	→ אֱלֹהִים
אֶל-	*'æl-*	~5500;§2.3a
אֵ֫לֶּה	*'él|lǣ*	754; §2.2
אֱלֹהִים+	*'^{æ}lō|hīm*	2896
אֱלוֹהַּ	*'^{æ}lṓ|ah*	→ אֱלֹהִים
אַלְמָנָה	*'al|mā|nā*	55
אֶ֫לֶף	*'ǽ|læf*	8
אֶ֫לֶף		504; §2.1
אֵם	*'em*	220
אִם	*' im*	1068; §2.3/4a

אַמָּה	*'am|mā*	248
אָמָה	*'ā|mā*	56
אֲמָהוֹת	*'^{a}mā|hōt̲*	→ אָמָה
אֱמוּנָה	*'^{æ}mū|nā*	→ אמן:
אמן:+	*'ā|man*	
הֶאֱמִין	*hæ|'^{æ}mīn*	303
אָמֵן	*'ā|mēn*; §2.4b	→ אמן:
אמץ	*'ā|maṣ*	41
אמר	*'ā|mar*	5307
אֱמֶת	*'^{æ}|mæt̲*	→ אמן:
אָן/אָ֫נָה	*'ān / 'ā́|nā*	41; §2.4a
אֱנוֹשׁ	*'^{æ}|nōš*	→ אִישׁ
אֲנִי	*'^{a}|nī*	→ אָנֹכִי
אֲנָשִׁים	*'^{a}nā|šīm*	→ אִישׁ
אֲנַ֫חְנוּ/נַ֫חְנוּ	*'^{a}náḥ|nū*	126; §2.2
אָנֹכִי/אֲנִי	*'ā̀|nō|ḵī/'^{a}nī*	1233; §2.2
אָסִיר/אַסִּיר	*'ā|sīr/'as|sīr*	→ אסר
אסף	*'ā|saf*	198
אסר+אָסִיר	*'ā|sar*	87
אַף I	*'af*	134; §2.3
II		277
אפה+אֹפֶה	*'ā|fā*	25
אֹפֶה	*'ō|fǣ*	→ אפה
אֵפוֹא/אֵפֹה/		
אֵיפוֹא	*'ē|fō*	15; §2.4a
אֵ֫צֶל	*'é|ṣæl*	61; §2.3a
אַרְבָּעָה,	*'ar|bā| 'ā,*	
אַרְבַּע	*'ar|ba'*	319; §2.1
אַרְבָּעִים	*'ar|ḇā| 'īm*	135; §2.1
אֲרוֹן	*'^{a}rōn*	202
אָרוּר	*'ā|rūr*	→ ארר
אֶ֫רֶץ	*'ǽ|ræz*	73

אֲרִי/אַרְיֵה	’^{a}rī / ’ar|yē	80
אֹ֫רֶךְ	’ó|ræk	95
אֶ֫רֶץ	’ǽ|ræṣ	2504
ארר, אֵרֵר	’ā|rar, ’ē|rer	63
אֵשׁ	’eš	378
אִשָּׁה	’iš|šā; §2.2	→ אִישׁ
אֲשֵׁירָה	’^{a}šē|rā	→ אֲשֵׁרָה
אֲשֶׁר/שֶׁ ·	’^{a}šær/ šæ +D.f.	~5600; §2.2/4a
אֲשֵׁרָה	’^{a}šē|rā	40
אַשְׁרֵי	’aš|rē	45; §2.4c
אֵ֫שֶׁת	’é|šæt	→ אִשָּׁה
אַתְּ	’att	60; §2.2
אֵת I, אֹתוֹ	’et, ’ō|tō	~10900; §2.3a
אֵת II, אִתּוֹ	’et, ’i|ttō	~900; §2.3a
אַתָּה	’at|tā	743; §2.2
אָתוֹן	’ā|tōn	34
אַתֶּם	’at|tæm	282; §2.2
אַתֵּן/אַתֵּ֫נָה	’at|ten/-|ténā	5; §2.2
בְּ(מוֹ)	b^{e}(mō)	~15500; §2.3
בְּאֵר	b^{e}’ēr	37
בֶּ֫גֶד	bǽ|gæd	215
בַּד/לְבַד	bad / l^{e}bad	161; §2.3
הִבְדִּיל	hib|dīl	42
בֹּ֫הוּ	bó|hū	3
בְּהֵמָה	b^{e}hē|mā	190
בּוֹא	bō	2571
בּוֹשׁ+בֹּ֫שֶׁת	bōš	159
בָּחוּר	bā|ḥūr	→ בחר
בחר+בָּחוּר	bā|ḥar	173

בטח	bā|ṭaḥ	118
בֶּ֫טֶן	bǽ|ṭæn	72
בִּי	bī	12; §2.4c
בְּיַד־	b^{e}yad	→ יָד
+בִּין	bīn	251
בֵּין	bēn	408; §2.3a
בִּינָה	bī|nā	→ בִּין
בַּ֫יִת	bá|yit	→ בנה
בכה	bā|kā	114
בְּכֹר/בְּכוֹר	b^{e}kōr	122
בַּל	bal	69; §2.3/4a
בְּלִי	b^{e}lī	58; §2.3/4a
בלע	bā|la‘	41
בִּלְתִּי/לְבִלְתִּי	bil|tī/ l^{e}bi|ltī	112; §2.3/4a
בָּמָה	bā|mā	103
בֵּן+בַּת	ben	5511
בנה+בַּ֫יִת	bā|nā	2419
בֹּנֶה	bō|næ	→ בנה
בָּנוֹת	bā|nōt	→ בַּת
בָּנִים	bā|nīm	→ בֵּן
בַּעֲבוּר	ba|‘^{a}būr	49; §2.3
בַּ֫עַד/ בְּעַד	bá|‘ad/ b^{e}‘ad	101; §2.3a
בַּ֫עַל	bá|‘al	161
בער I	bā|‘ar	58
בער: II	bā|‘ar	28
בְּעִתּוֹ	b^{e}‘it|to; §2.4b	→ עֵת
בקע	bā|qa‘	51
בָּקָר	bā|qār	183
בֹּ֫קֶר	bó|qær	214
בִּקֵּשׁ	biq|qeš	225
ברא	bā|rā	48
בָּרוּךְ	bā|rūk	→ בֵּרַךְ

בַּרְזֶל	*bar|zæl*	76
ברח	*bā|raḥ*	65
בְּרִית	*b*^{e}*rīṯ*	287
בֵּרַךְ$^{+}$	*bē|raḵ*	398
בְּרָכָה	*b*^{e}*rā|ḵā*	→ בֵּרַךְ
בָּשָׂר	*bā|śār*	270
בֹּשֶׁת	*bó|šæṯ*	→ בּוֹשׁ
בַּת	*baṯ*	→ בֵּן
בְּתוֹךְ	*b*^{e}*ṯōḵ*	→ תָּוֶךְ
בְּתוּלָה	*b*^{e}*ṯū|lā*	50
בָּתִּים	*bā|tīm*	→ בַּיִת
גאל	*gā|’al*	103
גֹּאֵל	*gō|’ēl*	→ גאל
גְּבוּל/גְּבֻלָה	*g*^{e}*ḇūl|g*^{e}*ḇūlā*	250
גִּבּוֹר	*gib|bōr*	→ גֶּבֶר
גְּבוּרָה	*gib|bōr*	→ גֶּבֶר
גְּבֻלָה	*g*^{e}*ḇū|lā*	→ גְּבוּל
גִּבְעָה	*gib|‘ā*	63
גֶּבֶר$^{+}$	*gǽ|ḇær*	286
גָּדוֹל/גָּדֹל	*gā|ḏōl*	→ גדל
גְּדִי	*g*^{e}*ḏī*	16
גדל+גָּדוֹל	*gā|ḏal*	643
גּוֹי	*gōy*	561
גּוֹלָה/גָּלוּת	*gō|lā/gā|lūṯ*	→ גלה
גּוּר+גֵּר	*gūr*	176
גּוֹרָל	*gō|rāl*	77
גַּל	*gal*	→ גלה
גלה$^{+}$	*gā|lā*	244
גָּלוּת	*gā|lūṯ*	→ גּוֹלָה
גַּם	*gam*	769; §2.3b
גָּמָל	*gā|māl*	54

גַּן/גַּנָּה$^{+}$	*gān/ gan|nā*	121
גנב+	*gā|naḇ*	
גַּנָּב	*gan|nāḇ*	57
גַּנָּה	*gan|nā*	→ גַּן
גַּע	*ga‘*	→ נגע
גֶּפֶן	*gǽ|fæn*	55
גָּר	*gār*	→ גּוּר
גֵּר	*gēr*	→ גּוּר
גַּשׁ	*gaš*	→ נגשׁ
דבק	*dā|ḇaq*	54
דִּבֶּר+דָּבָר	*dib|bær*	2576
דָּבָר	*dā|ḇār*; §2.2	→ דִּבֶּר
דְּבַשׁ	*d*^{e}*ḇaš*	54
דּוֹר/דֹּר	*dōr*	166
דִּין+דִּין	*dīn*	43
דַּל	*dal*	48
דֶּלֶת	*dǽ|læṯ*	87
דְּלָתוֹת	*d*^{e}*lā|ṯōṯ*	→ דֶּלֶת
דָּם	*dām*	360
דַּע, דַּעַת	*da‘, dá|‘aṯ*	→ ידע
דרךְ+דֶּרֶךְ	*dā|raḵ*	768
דֶּרֶךְ	*dǽ|ræḵ*	→ דרךְ
דרשׁ	*dā|raš*	164
הַ· (חַ,הָ,הֶ)	*ha*+ D.f. (*ha, hā, hæ*)	~30200; §2.2
הֲ (הַ, הֶ)	*h*^{a} (*ha,hæ*)	747; §2.4a
(locale) ה	*´-- hā*	§2.4b
הַב, הָבוּ	*haḇ, há̄|ḇū*	→יהב;§2.4c
הִבִּיט	*hib|bīṭ*	→ נבט:

הֶ֫בֶל	*hǽ|ḇæl*	73
הִגִּיד	*hig|gīḏ*	→ נגד:
הוּא	*hū*	1394; §2.2
הִוא	*hī*	→ הִיא
הוֹדָה	*hō|ḏā*	→ ידה:
הוֹי	*hōy*	51; §2.4c
הוֹכִ֫יחַ	*hō|ḵī́|aḥ*	→ יכח:
הוֹרָה	*hō|rā*	→ ירה: II
הוֹשִׁ֫יעַ	*hō|šī́|aʿ*	→ ישע:
הוֹתִיר	*hō|ṯīr*	→ יתר:
הֵחַל	*hē|ḥal*	→ חִלֵּל
הֵחֵת	*hē|ḥeṯ*	→ חתת
הִטָּה, הַט	*hiṭ|ṭā, haṭ*	→ נטה
הִיא/הִוא	*hī*	485; §2.2
היה	*hā|yā*	3561
הַיּוֹם	*hay|yōm*	→ יוֹם; §2.2
הֵיטֵב	*hē|ṭeḇ*; §2.4b	→ יטב
הֵיכָל	*hē|ḵāl*	80
הֵילִיל	*hē|lī́l*	→ ילל:
הֵימִין	*hē|mīn*	→ ימן:
הִכָּה, הַךְ	*hik|kā, haḵ*	→ נכה:
הֵכִין	*hē|ḵīn*	→ כּוּן:
הִכִּיר	*hik|kīr*	→ נִכֵּר
הלך	*hā|laḵ*	1547; §2.4b
הִלֵּל+תְּהִלָּה	*hil|lel*	203
הֵ֫מָּה/הֵם	*hém|mā / hem*	551; §2.2
הָמוֹן	*hā|mōn*	85
הִנֵּה/הֵן	*hin|nē / hen*	1159; §2.3/4c
הֵ֫נָּה I	*hén|nā*	49; §2.2
II		49; §2.4a
הֵנִ֫יעַ	*hē|nī́| ʿa*	→ נ֫וּעַ
הִסְתִּיר	*his|tīr*	→ סתר:

הֵעִיד	*hē|ʿīḏ*	→ עוּד:
הפך	*hā|faḵ*	94
הֵפֵר	*hē|fer*	→ פרר:
הִצִּיג	*hiṣ|ṣīg̱*	→ יצג:
הִצִּיל	*hiṣ|ṣīl*	→ נצל:
הִצִּיק	*hiṣ|ṣīq*	→ יצק
הִצִּית	*hiṣ|ṣīṯ*	→ יצת
הֵקִיץ	*hē|qīṣ*	→ קִיץ:
הַר	*har*	558
הַרְבֵּה	*har|bē*; §2.4b	→ רבה
הרג	*hā|rag*	167
הרה	*hā|rā*	43
הַרְחֵק	*har|ḥēq*; §2.4b	→ רחק
הֵרִ֫יעַ	*hē|rī́|aʿ*	→ ר֫וּעַ:
הַרְרֵי	*har|rē*	→ הַר
הִשְׁקָה	*hiš|qā*	→ שׁקה:
הִשְׁתַּחֲוָה	*hiš|ta|ḥ^{a}wā*	→ חוה:
הִתְפַּלֵּל	*hiṯ|pal|lel*	→ פלל:
וְ (וּ ,	*w^{e} (ū,*	
וַ · וַ ,	*wa*+D.f., *wa,*	~50200;
וֶ , וָ , וִ)	wæ,wå,wā,wī)	§2.3
וַיְהִי, וַיְחִי	*way|hī/way|ḥī*	→ ה/חיה
וַיֵּט, וַיַּט	*way|ye/aṭ*	→ נטה
וַיַּךְ	*way|yaḵ*	→ נכה:
זאת	*zōṯ*	605; §2.2
זָב , זָבַת	*zāḇ, zā|ḇaṯ*	→ זוב
זבח$^{+}$	*zā|ḇaḥ*	697
זֶ֫בַח	*zǽ|ḇaḥ*	→ זבח
זֶה	*zǣ*	1169; §2.2/4c
זָהָב	*zā|hāḇ*	389

זוב *zūb̲* 42
זוֹנָה *zō|nā* → זנה
זַ֫יִת *zá|yit̲* 38
זכר+זִכָּרוֹן *zā|k̲ar* 246
זָכָר *zā|k̲ār* 82
זִכָּרוֹן *zik|kā|rōn* → זָכָר
זְמֵר+מִזְמוֹר *zim|mer* 102
זנה+זוֹנָה *zā|nā* 93
זעק *zā|ʻaq* → צעק
זְעָקָה *z^{e}ʻā|qā* → צעק
זקן+זָקֵן *zā|qen* 205
זָקֵן *zā|qēn* → זקן
זָר *zār* 70
זְרֹ֫עַ *z^{e}ró|aʻ* 91
זרע+זֶ֫רַע *zā|raʻ* 285
זֶ֫רַע *zǽ|raʻ* → זרע

חַג, חָג *ḥag, ḥāg* 62
חדל *ḥā|d̲al* 58
חָדָשׁ+חֹ֫דֶשׁ *ḥā|d̲āš* 336
חֹ֫דֶשׁ *ḥó|d̲æš* → חָדָשׁ
חוה: *ḥā|wā:*
הִשְׁתַּחֲוָה *hiš|ta|ḥ^{a}wā* 170
חוֹמָה *ḥō|mā* 133
חוּץ *ḥūṣ* 164; §2.3
חזה+חֹזֶה *ḥā|zā* 71
חֹזֶה *ḥō|zǣ* → חזה
חזק+חָזָק *ḥā|zaq* 346
חָזָק *ḥā|zāq* → חזק
חטא+ *ḥā|ṭā*
חַטָּאת *ḥaṭ|ṭāt̲* 531
חַי, חֵי־ *ḥay, ḥē-* → חיה

חיה *ḥā|yā* 765
חַיָּה *ḥay|yā* → חיה
חַיִּים *ḥay|yīm* → חיה
חַ֫יִל *ḥá|yil* 245
חכם+ *ḥā|k̲am* 314
חָכָם *ḥā|k̲ām* → חכם
חָכְמָה *ḥåk̲|mā* → חכם
חָלָב *ḥā|lāb̲* → חֵ֫לֶב
חֵ֫לֶב+חָלָב *ḥé|læb̲* 136
חלה+חֳלִי *ḥā|lā* 98
חֲלוֹם *ḥ^{a}lōm* → חלם
חֳלִי *ḥ^{å}lī* → חלה
חָלִ֫ילָה *ḥā|lí|lā*; §2.4c → חִלֵּל
חִלֵּל+ *ḥil|lel* 177
חָלָל *ḥā|lāl* 94
חלם+חֲלוֹם *ḥā|lam* 92
חלק+חֵ֫לֶק *ḥā|laq* 122
חֵ֫לֶק *ḥé|læq* → חלק
חָם+חָמוֹת *ḥām* 15
חמד *ḥā|mad̲* 21
חֵמָה *ḥē|mā* 125
חֹמָה *ḥō|mā* → חוֹמָה
חֲמוֹר *ḥ^{a}mōr* 98
חָמוֹת *ḥā|mōt̲* → חָם
חֲמִישִׁי(ת) *ḥ^{a}mī|šī(t̲)* 45; §2.1
חָמָס *ḥā|mās* 60
חֲמִשָּׁה, *ḥ^{a}miš|šā,* 345; §2.1
חָמֵשׁ *ḥā|mēš* 345; §2.1
חֲמִשִּׁים *ḥ^{a}miš|šīm* 163; §2.1
חֵן *ḥen* → חנן
חנה+מַחֲנֶה *ḥā|nā* 359
חַנּוּן *ḥan|nūn* → חנן

חִנָּם	*ḥin|nām*; §2.4b	→ חנן
חנן+	*ḥā|nan*	192
חֶ֫סֶד+חָסִיד	*ḥǽ|sæḏ*	277
חָסִיד	*ḥā|sīḏ*	→ חֶ֫סֶד
חפֵץ+	*ḥā|feṣ*	124
חָפֵץ	*ḥā|fēṣ*	→ חפֵץ
חֵ֫פֶץ	*ḥé|fæṣ*	→ חפֵץ
חֵץ	*ḥeṣ*	54
חֲצִי	*ḥ*^{a}*ṣī*	125
חָצֵר	*ḥā|ṣēr*	192
חֹק/חֻקָּה	*ḥoq / ḥuq|qā*	231
חרֵב+	*ḥā|reḇ*	88
חָרֵב	*ḥā|rēḇ*	→ חרֵב
חֶ֫רֶב	*ḥǽ|ræḇ*	413
חָרְבָּה	*ḥår|bā*	→ חרֵב
חרה+חָרוֹן	*ḥā|rā*	134
חָרוֹן	*ḥā|rōn*	→ חרה
+הֶחֱרִים	*hæ|ḥ*^{æ}*rīm*	
חֵ֫רֶם	*ḥé|ræm*	80
חֵרֵף+חֶרְפָּה	*ḥē|ref*	111
חֶרְפָּה	*ḥer|pā*	→ חֵרֵף
חשב	*ḥā|šaḇ*	112
חֹשֵׁב	*ḥō|šēḇ*	→ חשב
חֹ֫שֶׁךְ	*ḥó|šæḵ*	80
חתם	*ḥā|ṯam*	27
חתת	*ḥā|ṯaṯ*	54
טהֵר+טָהוֹר	*ṭā|her*	189
טָהוֹר	*ṭā|hōr*	→ טהֵר
טוֹב/יטב+	*ṭōḇ / yā|ṭaḇ*	698
טוֹב, f. טוֹבָה	*ṭōḇ, ṭō|ḇā*	→ טוֹב

טמֵא+טָמֵא	*ṭā|mē*	286
טֻמְאָה	*ṭum|'ā*	→ טמֵא
טֶ֫רֶם, בְּטֶ֫רֶם	*ṭǽ|ræm, b*^{e}*-*	56; §2.3/4a
יְאֹר	*y*^{e}*'ōr*	65
יבֵשׁ+	*yā|ḇeš*	79
יָבֵשׁ	*yā|ḇēš*	→ יבֵשׁ
יַבָּשָׁה	*yab|bā|šā*	→ יבֵשׁ
יָד	*yāḏ*	1618
ידה+: הוֹדָה	*hō|ḏā*	143
ידע+דַּ֫עַת	*yā|ḏa'*	1037
יָהּ	*yāh*	→ יְהוָה
יהב: הַב	*(yā)haḇ*	33
יְהוָה+יָהּ	*yah|wǣ/*	6878; §1
	Qere ^{a}*dō|nay*	→ אֲדֹנָי
יוֹדֵ֫עַ	*yō|ḏḗ|a'*; §2.4b	→ ידע
יוּכַל	*yū|ḵal*	→ יכל
יוֹם	*yōm*	2352;§2.2/4b
יוֹמָם	*yō|mām*	→ יוֹם
יוֹנֵק	*yō|nēq*	→ ינק
יוֹעֵץ	*yō|'ēṣ*	→ יעץ
יוֹצֵר	*yō|ṣēr*	→ יצר
יוֹרֶה	*yō|rǣ*	→ ירה I
יוֹרֵשׁ	*yō|rēš*	→ ירשׁ
יוֹשֵׁב	*yō|šēḇ*	→ ישׁב
יַ֫חַד+יַחְדָּו	*yá|ḥaḏ*	141; §2.4b
יַחְדָּו	*yaḥ|ḏāw*	→ יַ֫חַד
יטב	*yā|ṭaḇ*	→ טוֹב
יַ֫יִן	*yá|yin*	141
יכח: הוֹכִ֫יחַ	*hō|ḵī́|aḥ*	59
יכֹל	*yā|ḵol*	193

ילד+	*yā|lad*	620
יֶ֫לֶד	*yǽ|læd*	→ ילד
הֵילִיל	*hē|līl*	30
יָם	*yām*	395; §2.4b
יָמִים	*yā|mīm*	→ יוֹם
יַמִּים	*yam|mīm*	→ יָם
יָמִין	*yā|mīin*	→ ימן:
ימן: הֵימִין+	*hē|mīn*	144
ינק+יוֹנֵק	*yā|naq*	34
יסף	*yā|saf*	214; §2.4b
יסר+מוּסָר	*yā|sar*	92
יַ֫עַן	*yá|'an*	99; §2.3
יעץ+	*yā|'aṣ*	168
יָפֶה, יָפָה	*yā|fæ, yā|fā*	42
יצא	*yā|ṣā*	1067
יצב:	*yā|ṣab*	אֲדֹנָי
הִתְיַצֵּב	*hit|yaṣ|ṣ eb*	→ נצב
יצג: הִצִּיג	*hiṣ|ṣīg*	16
יצק, הִצִּיק	*yā|ṣaq, hiṣ|ṣīq*	53
יצר+יוֹצֵר	*yā|ṣar*	63
יצת, הִצִּית	*ya|ṣat, hiṣ|ṣīt*	27
יקץ	*yā|qaṣ*	→ קִיץ:
ירא+יָרֵא+	*yā|rē*	424
יִרְאָה	*yir|'ā*	→ ירא
ירד	*yā|rad*	380
ירה I	*yā|rā*	31
ירה:II+,		
הוֹרָה	*hō|rā*	271
יָרֵ֫חַ	*yā|ré|aḥ*	27
ירשׁ	*yā|raš*	231
יֹרֵשׁ	*yō|rēš*	→ ירשׁ
יֵשׁ, יֶשׁ־	*yeš, yæš-*	138; §2.4b
ישׁב+יֹשֵׁב	*yā|šab*	1076
יֹשֵׁב	*yō|šēb*	→ ישׁב
יְשׁוּעָה/תְ'	*yᵉšū|'ā /tᵉ'*	→ ישׁע:
ישׁן+	*yā|šen*	25
יָשֵׁן	*yā|šēn*	→ ישׁן
ישׁע:+	*yā|ša'*	
הוֹשִׁ֫יעַ	*hō|šī| a'*	317
ישׁר+יָשָׁר	*yā|šar+|šār*	144
יָתוֹם	*yā|tōm*	42
יתר:+יֶ֫תֶר	*yā|tar*	201
יֶ֫תֶר	*yǽ|tær*	→ יתר:
כְּ(מוֹ)	*kᵉ(mō)*	3043; §2.3
כבד+	*kā|bed*	354
כָּבֵד	*kā|bēd*	→ כבד
כָּבוֹד	*kā|bōd*	→ כבד
כִּבֵּס	*kib|bæs*	51
כֶּ֫בֶשׂ/כֶּ֫שֶׂב+	*kǽ|bæś+*	
כִּבְשָׂה/	*kib|śā/*	
כִּשְׂבָּה	*kiś|bā/*	129
כֹּה	*kō*	581; §2.4a
כֹּהֵן	*kō|hēn*	750
כּוֹכָב	*kō|kāb*	37
כּוּן:	*kūn*	217
כּוֹנֵן	*kō|nen*	→ כּוּן:
כִּזֵּב+כָּזָב	*kiz|zeb*	47
כָּזָב	*kā|zāb*	→ כזב
כֹּ֫חַ	*kó|aḥ*	124
כִּי	*kī*	4483; §2.3/4a
כָּ֫כָה	*ká|kā*	37; §2.4a
כֹּל, כָּל־	*kol, kål-*	5413
כֶּ֫לֶב	*kǽ|læb*	32

כלה/(כלא)	*kā|lā*	207; §2.4b
כְּלִי	*k^{e}lī*	325
כֵּלִים	*kē|līm*	→ כְּלִי
כֵּן, לָכֵן,	*ken, lā|ḵen,*	
עַל־כֵּן	*ʿal-ken*	695; §2.4a
כָּנָף	*kā|nāf*	109
כִּסֵּא	*kis|sē*	135
כִּסָּה	*kis|sā*	152
כְּסִיל	*k^{e}sīl*	70
כֶּ֫סֶף	*kǽ|sæf*	403
כַּף	*kaf*	192
כִּפֶּר+כִּפֻּרִים	*kip|pær*	110
כִּפֻּרִים	*kip|pū|rīm*	→ כִּפֶּר
כְּרוּב	*k^{e}rūḇ*	91
כֶּ֫רֶם	*kǽ|ræm*	92
כרת	*kā|ṯaḇ*	288
/כֶּ֫שֶׂב	*kǽ|śæḇ*	→ כֶּ֫בֶשׂ
/כִּשְׂבָּה	*kiś|bā*	→ כִּבְשָׂה
כשל	*kā|šal*	63
כתב	*kā|ṯaḇ*	223
לְ	*l^{e}*	~20400; §2.3
לֹא	*lō*	~5200; §2.3/4a.b
לֵב/לֵבָב	*leḇ / lē|ḇāḇ*	853
לְבַד	*l^{e}ḇad*	→ בַּד
לָבוּשׁ	*lā|ḇūš*	→ לבשׁ
לְבִלְתִּי	*l^{e}ḇil|tī*	→ בִּלְתִּי
לָבָן	*lā|ḇān*	29
לבֵשׁ/לבשׁ	*lā|ḇe/aš*	112
לֶ֫דֶת	*lǽ|ḏæṯ*	→ ילד
לוּ(א)	*lū*	22; §2.3/4c

לוּלֵא/לוּלֵי	*lū|lē*	14; §2.3
לוּן	*lūn*	→ לִין
לחם, נִלְחַם$^{+}$	*lā|ḥam,*	489
לֶ֫חֶם	*lǽ|ḥæm*	299
לַ֫יְלָה/לַ֫יִל	*láy|lā*; §2.4b	
לַ֫יִל	*lá|yil*	→ לִין/
לִין/לוּן$^{+}$	*līn/lūn*	303
לֵךְ	*leḵ*; §2.4c	→ הלךְ
לכד	*lā|ḵaḏ*	121
לְכָה, לְךָ	*l^{e}ḵā*	→ לְ; הלךְ
לָכֵן	*lā|ḵen*	→ כֵּן; §2.4a
לֶ֫כֶת	*lǽ|ḵæṯ*	→ הלךְ
למד	*lā|maḏ*	86
לָ֫מָּה/לָמָה	*lā́m|mā/ lā|ma*	→ מָה; §2.4b
לְמַ֫עַן	*l^{e}má| ʿan*	270; §2.3
לְעֵינֵי	*l^{e} ʿē|nē*	→ עַ֫יִן
לְפִי	*l^{e}fī*	→ פֶּה
לִפְנֵי	*lif|nē*	→ פָּנִים
לקח	*lā|qaḥ*	966
לִקְרַאת	*liq|raṯ*	→ קרה
לָשׁוֹן	*lā|šōn*	117
מְאֹד	*m^{e}ʾōḏ*	300; §2.4b
מֵאָה	*mē|ʾā*	579; §2.1
מְאָהֵב	*m^{e}ʾā|hēḇ*	→ אהב
מָאוֹר	*mā| ʾōr*	→ אוֹר
מֵאַ֫יִן	*mē| ʾá|yin*	17; §2.4
מֵאֵן	*mē| ʾen*	46
מאס	*mā| ʾas*	75
מְגִלָּה	*m^{e}gil|lā*	21
מָגֵן	*mā|gēn*	→ גַּן

מִדְבָּר	*mid|bār*	270
מדד+מִדָּה	*mā|dad*	105
מִדָּה	*mid|dā*	→מדד
מַדּ֫וּעַ	*mā|dū́|a‘*	72; §2.4b → ידע
מָה (מַ· , מַ, מֶה), לָ֫מָּה/לָמָה	*mā (ma* +D.f., *ma, mæ, lā́m|mā/lā|ma*	747; §2.2
מִהַר	*mi|har*	83
מַהֵר	*ma|hēr*; §2.4b	→ מִהַר
מוּסָר	*mū|sār*	→ יסר
מוֹעֵד	*mō|‘ēd*	→ עֵדָה
מוֹרֶה	*mō|rǣ*	→I/II:ירה
מוֹשִׁ֫יעַ	*mō|šī́|a‘*	→ ישע:
מוּת+	*mūt*	995
מָ֫וֶת	*mā́|wæt*	→ מוּת
מִזְבֵּ֫חַ	*miz|bḗ|aḥ*	→ זבח
מִזְמוֹר	*miz|mōr*	→ זמר
מִזְרָח	*miz|rāḥ*	74
מַחֲנֶה	*ma|ḥ^{a}næ*	→ חנה
מָחָר+	*mā|ḥār*	
מָחֳרָת	*må|ḥ^{å}rāt*	84; §2.4b
מַטֶּה	*maṭ|ṭǣ*	→ נטה
מִי	*mī*	422; §2.2
מֵי/מֵימֵי־	*mē / mē|mē-*	→ מַ֫יִם
מְיַלֶּ֫דֶת	*m^{e}yal|lǽ|dæt*	→ ילד
מַ֫יִם	*má|yim*	582
מֵינֶ֫קֶת	*mē|nǽ|qæt*	→ ינק
מַכָּה	*mak|kā*	→ נכה:
מכר	*mā|kar*	80
מֹכֵר	*mō|kēr*	→ מכר

מלא+מָלֵא+	*mā|lē*	351
מְלֹא	*m^{e}lō*	→ מלא
מַלְאָךְ	*mal|’āk*	→ מְלָאכָה
מְלָאכָה+	*m^{e}lā|kā*	380
מִלְּבַד	*mil|l^{e}bad*	→ בַּד
מְלוּכָה	*m^{e}lū|kā*	→ מלך
מִלְחָמָה	*mil|ḥā|mā*	→ לחם
מִלֵּט	*mil|leṭ*	94
מלך+	*mā|lak*	3149
מֶ֫לֶךְ	*mǽ|læk*	→ מלך
מַלְכָּה	*mal|kā*	→ מלך
מַלְכוּת/	*mal|kūt*	
מַמְלָכָה/	*mam|lā|kā*	
מַמְלָכוּת	*mam|lā|kūt*	→ מלך
מִן (מִ· , מִ, מֵ)	*min ,mi*+D.f., *mi, mē*	~7500; §2.3
מִנְחָה	*min|ḥā*	211
מְנַצֵּ֫חַ	*m^{e}naṣ|ṣḗ|aḥ*	→ נִצַּח
מִסְפָּר	*mis|pār*; §2.4b	→ ספר
מְעַט	*m^{e}‘aṭ*	101; §2.4b
מַ֫עַל	*má|‘al*; §2.4b	→ עלה
מַ֫עַן	*má|‘an*	→ לְמַ֫עַן
מַעֲשֶׂה	*ma|‘^{a}śǣ*	→ עשׂה
מצא	*mā|ṣā*	455
מַצֵּבָה/	*maṣ|ṣē|bā/*	
מַצֶּ֫בֶת	*maṣ|ṣǽ|bæt*	→ נצב:
מַצָּה	*māṣ|ṣā*	53
מִצְוָה	*miṣ|wā*	→ צִוָּה
מִקְדָּשׁ	*miq|dāš*	→ קדשׁ
מָקוֹם	*mā|qōm*	→ קום
מִקְנֶה	*miq|nǣ*	→ קנה

מַרְאֶה	*mar|ʼæ*	→ ראה
מֵרַע	*mē|ra‘*	→ רעע
מַשָּׂא I	*maśśā*	→ נשׂא
II		→ נשׂא
מַשְׂכִּיל	*maś|kīl*	→ שׂכל:
מְשַׂנֵּא	*mᵉśan|nē*	→ שָׂנֵא
מְשׁוֹמֵם	*mᵉšō|mēm*	→ שָׁמֵם
מְשׁוֹרֵר	*mᵉšō|rēr*	→ שִׁיר
משׁח+	*mā|šaḥ*	
מָשִׁיחַ	*mā|šī́|aḥ*	108
מַשְׁחִית	*maš|ḥīṯ*	→ שִׁחֵת
מִשְׁכָּן	*miš|kān*	→ שׁכן
משׁל	*mā|šal*	80
מָשָׁל	*mā|šāl*	39
מֹשֵׁל	*mō|šēl*	→ משׁל
מִשְׁמָר	*miš|mār*	→ שׁמר
מִשְׁמֶרֶת	*miš|mǽ|ræṯ*	→ שׁמר
מִשְׁפָּחָה	*miš|pā|ḥā*	303
מִשְׁפָּט	*miš|pāṭ*	→ שׁפט
מַשְׁקֶה	*maš|qǣ*	→ שׁקה
מְשָׁרֵת	*mᵉšā|rēṯ*	→ שֵׁרֵת
מִשְׁתֶּה	*miš|tǣ*	→ שׁתה
מֵת	*mēṯ*	→ מות
מָתַי	*mā|ṯay*	43; §2.4a
מָתְנַיִם	*måṯ|ná|yim*	47
נָא	*nā*	405; §2.4c
נְאֻם	*nᵉʼūm*	376
נאף	*nā|ʼaf*	31
נִבָּא+נָבִיא	*nib|bā*	430
נָבוֹן	*nā|bōn*	→ בִּין
נבט: הִבִּיט	*hib|bīṭ*	69

נָבִיא	*nā|bī*	→ נִבָּא
נְבֵלָה	*nᵉbē|lā*	48
נֶגֶב	*nǽ|gæḇ*	110; §2.4b
נגד:+ הִגִּיד	*hig|gīḏ*	414
נֶגֶד	*nǽ|gæḏ*	151; §2.3a
נָגִיד	*nā|gīḏ*	→ נגד:
נגע+נֶגַע	*nā|ga‘*	228
נֶגַע	*nǽ|ga‘*	→ נגע
נגף	*nā|gaf*	49
נגשׁ	*nā|gaš*	125
נדר+נֶדֶר/	*nā|ḏar*	91
נֶדֶר/נֵדֶר	*né|ḏær/nǽ|-*	→ נדר
נָהָר	*nā|hār*	119
נוּחַ	*nū́|aḥ*	144
נֹחַ	*nṓ|aḥ*	→ נוּחַ
נוּס	*nūs*	159
נוּעַ	*nū́|a‘*	40
נוֹרָא	*nō|rā*	→ יָרֵא
נוֹתַר	*nō|ṯar*	→ יתר
נחל+נַחֲלָה	*nā|ḥal*	281
נַחַל	*ná|ḥal*	141
נַחֲלָה	*na|ḥᵃlā*	→ נחל
נִחַם	*ni|ḥam*	108
נַחְנוּ	*náḥ|nū*	→ אֲנַחְנוּ
נָחָשׁ	*nā|ḥāš*	31
נְחֹשֶׁת	*nᵉḥó|šäṯ*	139
נִחַת	*ni|ḥaṯ*	→ חתת
נטה+מַטֶּה	*nā|ṭā*	466
נטע	*nā|ṭa‘*	58
נכה:+ הִכָּה	*hik|kā*	547
נָכוֹן	*nā|kōn*	→ כּוּן

נִכַּר+, הִכִּיר	*nik|kar*	130
נֵכָר	*nē|kār*	→ נִכַּר
נָכְרִי	*nåḵ|rī*	→ נִכַּר
נִלְחַם	*nil|ḥam*	→ לחם
נִסָּה	*nis|sā*	36
נסע	*nā|sa‘*	146
נַעַר+נַעֲרָה	*ná|‘ar*	303
נַעֲרָה	*na|‘ᵃrā*	→ נַעַר
נפל	*nā|fal*	434
נִפְלָאוֹת	*nif|lā|’ōṯ*	→ פלא:
נֶפֶשׁ	*nǽ|fæš*	754; §2.2
נצב:/+/	*nā|ṣaḇ /*	
הִתְיַצֵּב	*hiṯ|yaṣ|ṣeḇ*	160
נִצָּב	*niṣ|ṣāḇ*	→ נצב:
נִצַּח	*niṣ|ṣaḥ*	65
נֵצַח/נֶצַח	*né/ǽ|ṣaḥ*	43; §2.3/4b
נצל: הִצִּיל	*hiṣ|ṣīl*	213
נצר	*nā|ṣar*	63
נֹצֵר	*nō|ṣēr*	→ נצר
נקה:+ נִקָּה	*nā|qā: niq|-*	87
נָקִי(א)	*nā|qī*	→ נקה:
נשׂא+	*nā|śā*	848
נִשְׁבַּע	*niš|ba‘*	→ שׁבע:
נָשִׂיא	*nā|śī*	→ נשׂא
נָשִׁים	*nā|šīm*	→ אִשָּׁה
נשׁק	*nā|šaq*	32
נתן	*nā|ṯan*	2009
סבב+סָבִיב	*sā|ḇaḇ*	498
סָבִיב	*sā|ḇīḇ;* §2.3a/4b	→ סבב

סִבֹּלֶת	*sib|bó|læṯ*	→ שִׁבֹּלֶת
סָגוּר	*sā|gūr*	→ סגר
סגר+סָגוּר	*sā|gar*	91
סוּס+סוּסָה	*sūs+sū|sā*	138
סוֹף	*sōf*	5
סוֹפֵר	*sō|fēr*	→ ספר
סוּר	*sūr*	299
סֶלָה	*sǽ|lā*	74
סלח	*sā|laḥ*	46
סֶלַע	*sǽ|la‘*	60
ספר+	*sā|far*	480
סֵפֶר	*sé|fær*	→ ספר
סֹפֵר	*sō|fēr*	→ ספר
סתר:	*sā|ṯar*	81
עבד+	*‘ā|ḇaḏ*	1234
עֶבֶד	*‘ǽ|ḇæḏ*	→ עבד
עֹבֵד	*‘ō|ḇēḏ*	→ עבד
עֲבֹדָה	*‘ᵃḇō|ḏā*	→ עבד
עֲבוּר	*‘ᵃḇūr*	→ בַּעֲבוּר
עבר+עֵבֶר	*‘ā|ḇar*	638
עֵבֶר	*‘é|ḇær;* §2.3a	→ עבר
עֵגֶל+עֶגְלָה	*‘é|gæl,*	47
עֶגְלָה	*‘ǽg|lā*	→ עֵגֶל
עַד/עָדַי	*‘aḏ / ‘ā|ḏay*	1262; §2.3/4a
עֵד	*‘ēḏ*	→ עוּד
עֹד	*‘ōḏ*	→ עוֹד
עֵדָה+מוֹעֵד	*‘ē|ḏā*	372
עֵדוּת	*‘ē|ḏūṯ*	→ עוּד
עוֹד	*‘ōḏ*	490; §2.4b
עוּד:+ הֵעִיד	*‘ūḏ: hē|‘īḏ*	192

עוֹלָה	*ʻō|lā*	→ עֹלָה
עוֹלָם	*ʻō|lām*	439; §2.3/4b
עָוֹן	*ʻā|wōn*	231
עוֹף	*ʻōf*	71
עוֹר	*ʻōr*	99
עוּר	*ʻūr*	80
עֵז	*ʻez*	74
עֹז	*ʻoz*	94
עזב	*ʻā|zaḇ*	214
עזר+	*ʻā|zar*	128
עֵ֫זֶר/עֶזְרָה	*ʻé|zær*	→ עזר
עֹזֵר	*ʻō|zēr*	→ עזר
עֶזְרָה	*ʻæz|rā*	→ עֵ֫זֶר/
עַ֫יִן	*ʻá|yin*	889; §2.3
עִיר	*ʻ īr*	1087
עַל	*ʻal*	~5700; §2.3
עֹל	*ʻol*	40
עלה+	*ʻā|lā*	1370
עֹלָה	*ʻō|lā*	→ עלה
עֶלְיוֹן	*ʻæl|yōn*	→ עלה
עַם/עָם	*ʻam/ām*	1867; §2.2
עִם	*ʻ im*	1048; §2.3a
עמד+עַמּוּד	*ʻā|maḏ*	633
עִמָּדִי	*ʻ im|mā|ḏī*	→ עִם
עַמּוּד	*ʻam|mūḏ*	→ עמד
עָמָל	*ʻā|māl*	55
עֵ֫מֶק	*ʻé|mæq*	68
ענה I	*ʻā|nā*	316
ענה II+		194
עָנִי	*ʻā|nī*	→ ענהII
עֲנִי	*ʻ^{å}nī*	→ ענהII

עָנָן	*ʻā|nān*	87
עָפָר	*ʻā|fār*	110
עֵץ	*ʻēṣ*	330
עֵצָה	*ʻē|ṣā*	→ יעץ
עֶ֫צֶם	*ʻǽ|ṣæm*	126
עֶ֫רֶב	*ʻǽ|ræḇ*	134
עָרוּם	*ʻā|rūm*	12
ערךְ	*ʻā|raḵ*	75
עָרִים	*ʻā|rīm*	→ עִיר
עשה+	*ʻā|śā*	2857
עֹשֶׂה	*ʻō|śǣ*	→ עשה
עֲשִׂירִי(ת)	*ʻ^{a}śī|rī(ṯ)*	29; §2.1
עֲשָׂרָה,	*ʻ^{a}śā|rā, ʻǽ|śær*	
עֶ֫שֶׂר	*ʻǽ|śær*	511; §2.1
עֶשְׂרִים	*ʻæś|rīm*	315; §2.1
עָשִׁיר+עֹ֫שֶׁר	*ʻā|šīr*	60
עֹ֫שֶׁר	*ʻó|šær*	→ עָשִׁיר
עַשְׁתֵּי	*ʻaš|tē*	19; §2.1
עֵת+עַתָּה	*ʻeṯ*	729
עַתָּה	*ʻat|tā*; §2.4b	→ עֵת
פֹּא	*pō*	→ פֹּה
פֵּאָה	*pē|ʼā*	86
פדה	*pā|ḏā*	58
פֶּה, פִּי־	*pǣ, pī*	500; §2.3
פֹּה/פֹּא/פּוֹ	*pō*	82; §2.4a
פִּי	*pī*	→ פֶּה
פלא:+פֶּ֫לֶא	*pā|lā*	82
פֶּ֫לֶא	*pǽ|lǣ*	→ פלא:
פלל:הִתְפַּלֵּל	*hiṯ|pal|lel*	
+תְּפִלָּה	*t^{e}fil|lā*	156
פֶּן־	*pen*	133; §2.3

פנה+פָּנִים	*pā|nā*	2259
פָּנֶה	*pā|nǣ*	→ פָּנִים
פָּנִים	*pā|nīm*; §2.3	→ פנה
פֶּ֫סַח	*pǽ|saḥ*	49
פעל+פֹּ֫עַל	*pā|ʿal*	94
פֹּ֫עַל	*pó|ʿal*	→ פעל
פַּ֫עַם	*pá|ʿam*	118; §2.4b
פקד+פָּקִיד	*pā|qad̲*	316
פָּקִיד	*pā|qīd̲*	→ פקד
פַּר+פָּרָה	*par+pā|rā*	159
פְּרִי	*pᵉri*	119
פַּרְעֹה	*par|ʿō*	274
פרר: הֵפֵר	*hē|fer*	46
פרשׂ	*pā|raś*	67
פשׁע+פֶּ֫שַׁע	*pā|šaʿ*	134
פֶּ֫שַׁע	*pǽ|šaʿ*	→ פשׁע
פתח+פֶּ֫תַח	*pā|t̲aḥ*	299
פֶּ֫תַח	*pǽ|t̲aḥ*	→ פתח
צֵא	*ṣē*	→ יצא
צֹאן	*ṣōn*	274
צֵאת	*ṣēt̲*	→ יצא
צָבָא	*ṣā|b̲ā*	486
צַדִּיק	*ṣad|dīq*	→ צדק
צדק+	*ṣā|d̲aq*	523
צֶ֫דֶק	*ṣǽ|d̲æq*	→ צדק
צְדָקָה	*ṣᵉd̲ā|qā*	→ צדק
צִוָּה+מִצְוָה	*ṣiw|wā*	675
צוּר	*ṣūr*	74
צוֹרֵר	*ṣō|rēr*	→ צֹרֵר
צחק/שׂחק	*ṣ/śā|ḥaq*	49
צֵל	*ṣel*	53

צלח	*ṣā|laḥ*	65
צעק/זעק+	*ṣ/zā|ʿaq*	167
צְעָקָה/זְעָקָה	*ṣ/zᵉʿā|qā*	→ צעק/
צָפוֹן	*ṣā|fōn*	152; §2.4b
צרר+I+ צַר I	*ṣā|rar+ṣar*	144
צָרָה	*ṣā|rā*	→ צרר I
צררII+צַר II	*ṣā|rar+ṣar*	97
צֹרֵר	*ṣō|rēr*	→ צרר II
קבץ	*qā|b̲aṣ*	127
קבר+קֶ֫בֶר	*qā|b̲ar*	200
קֶ֫בֶר	*qǽ|b̲ær*	→ קבר
קדד	*qā|d̲ad̲*	15
קָדוֹשׁ/קָדֹשׁ	*qā|d̲ōš*	→ קדשׁ
קֶ֫דֶם	*qǽ|d̲æm*	87; §2.4b
קֵ֫דְמָה	*qḗd̲|mā*; §2.4b	→ קֶ֫דֶם
קדשׁ+	*qā|d̲aš*	831
קֹ֫דֶשׁ	*qó|d̲æš*	→ קדשׁ
קהל:+	*qā|hal*	169
קָהָל	*qā|hāl*	→ קהל:
קֹהֶ֫לֶת	*qō|hǽ|læt̲*	→ קהל:
קִוָּה+תִּקְוָה	*qiw|wā*	79
קוֹל	*qōl*	505; §2.4c
קוּם+	*qūm*	1029; §2.4c
קַח, קַ֫חַת	*qaḥ, qáhat̲*	→ לקח
קטל	*qā|ṭal*	3
קטן+קָטֹן/	*qā|ṭon*	105
קָטֹן/קָטָן	*qā|ṭōn/ -|ṭān*	→ קטֹן
קִטֵּר+קְטֹ֫רֶת	*qiṭ|ṭer*	175
קְטֹ֫רֶת	*qᵉṭó|ræt̲*	→ קִטֵּר
הֵקִיץ/יִיקַץ	*hē|qīṣ/ yī|qaṣ*	33

קִיר	*qīr*	73
קלל+קַל	*qā|lal+ qal*	92
קָם	*qām*	→ קוּם
קִנֵּא+	*qin|nē*	85
קַנָּא/קַנּוֹא	*qan|nā/ō*	→ קִנֵּא
קִנְאָה	*qin|ʼā*	→ קִנֵּא
קנה+מִקְנֶה	*qā|nā*	160
קֹנֶה	*qō|næ*	→ קנה
קַנּוֹא	*qa|nnō*	→ קַנָּא
קֵץ/קָצֶה	*qeṣ / qā|ṣæ*	159
קרא I	*qā|rā*	730
II		→ קרה
לִקְרַאת	*liq|rat̲*	→ קרה
קרב+	*qā|rab̲*	448
קָרֵב	*qā|rēb̲*	→ קרב
קָרֹב/קָרוֹב	*qā|rōb̲*	→ קרב
קֶ֫רֶב	*qǽ|ræb̲*	227
קָרְבָּן	*qår|bān*	→ קרב
קרה+	*qā|rā*	
לִקְרַאת	*liq|rat̲*; §2.3	162
קָרוֹב	*qā|rōb̲*	→ קרב
קֶ֫רֶן	*qǽ|ræn*	75
קרע	*qā|ra‘*	63
קשׁב,	*qā|šab̲,*	
הִקְשִׁיב	*hiq|šīb̲*	46
קֶ֫שֶׁת	*qǽ|šæt̲*	76
ראה+	*rā|ʼā*	1406; §2.4c
רֹאֶה	*rō|ʼæ*	→ ראה
ראשׁ+	*rōš*	829
רִאשׁוֹן	*rī|šōn*; §2.4b	→ ראה
רָאשִׁים	*rā|šīm*	→ ראשׁ

רֵאשִׁית	*rē|šīt̲*	→ ראשׁ
רַב	*rab̲*; §2.4b	→ רבב
רִב	*rīb̲*	→ רִיב
רֹב	*rob̲*	→ רבב
רבב+	*rā|bab̲+rab̲*	661
רְבָבָה/	*r^{e}b̲ā|b̲ā/*	
רִבּוֹ(א)	*rib|bō*	→ רבב
רבה	*rā|b̲ā*	225
רִבּוֹ(א)	*rib|bō*	→ רְבָבָה
רְבִיעִי(ת)	*r^{e}b̲ī|‘ ī(t̲)*	56; §2.1
רַבַּת	*rab|bat̲*; §2.4b	→ רבב
רֶ֫גֶל	*rǽ|gæl*	247; §2.3
רֵד	*red̲*	→ ירד
רדף	*rā|d̲af*	143
רֶ֫דֶת	*rǽ|d̲et̲*	→ ירד
רוּחַ	*rū́|aḥ*	378
רוּם+	*rūm*	265
רוע:+ הֵרִ֫יעַ	*rū́|a‘*	80
רוּץ	*rūṣ*	103
רֹ֫חַב	*ró|ḥab̲*	101
רַחוּם	*ra|ḥūm*	→ רִחַם
רָחוֹק/רָחֹק	*rā|ḥōq*; §2.4b	→ רחק
רִחַם+	*ri|ḥam*	130
רֶ֫חֶם	*rǽ|ḥæm*	→ רִחַם
רַחֲמִים	*ra|ḥ^{a}mīm*	→ רִחַם
רחץ	*rā|ḥaṣ*	72
רחק+	*rā|ḥaq*	143
רִיב+רִיב	*rīb̲*	129
רכב+	*rā|k̲ab̲*	198
רֶ֫כֶב	*rǽ|k̲æb̲*	→ רכב
רֹכֵב	*rō|k̲ēb̲*	→ רכב

רֶ֫כֶת	*ræ̂|k̲æṯ*	→ ירשׁ
רָם	*rām*	→ רוּם
רִנָּה	*rin|nā*	→ רכב
רנן+רִנָּה	*rā|nan*	86
רַע, f. רָעָה	*ra‘*, f. *rā‘ā*	→ רעע
רֵ֫עַ	*rḗ|a‘*	187; §2.2
רָעָב	*rā|‘āḇ*	101
רעה+רֹעֶה	*rā|‘ā*	168
רָעָה	*rā|‘ā*	→ רַע
רֹעֶה	*rō|‘ǣ*	→ רעה
רעע+	*rā|‘a‘ +*	761
רפא+רֹפֵא	*rā|fā+rō|fē*	67
רָץ	*rāṣ*	→ רוּץ
רצה+רָצוֹן	*rā|ṣā*	106
רָצוֹן	*rā|ṣōn*	→ רָצוֹן
רצח	*rā|ṣaḥ*	47
רַק	*raq*	109; §2.4a
רשׁע+רָשָׁע	*rā|ša‘*	297
רָשָׁע	*rā|šā‘*	→ רשׁע
שָׂא, שֵׂאת	*śā, śēṯ*	→ נשׂא
שׂבע+שָׂבֵ֫עַ	*śā|ḇa‘*	107
שָׂבֵ֫עַ	*śā|ḇḗ|a‘*	→ שׂבע
שָׂדֶה/שָׂדַי	*śā|ḏǣ/-|ḏay*	333
שֶׂה	*śǣ*	47
שׂוּם	*śūm*	→ שִׂים
שׂחק	*śā|ḥaq*	→ צחק
שָׂטָן	*śā|ṭān*	27
שִׂים/שׂוּם	*śīm / śūm*	586
שׂכל,	*śā|k̲al,*	
הִשְׂכִּיל	*hiś|kīl*	60

שְׂמֹאל/		
שְׂמֹאוֹל	*ś ᵉmōl*	54
שׂמח+	*śā|maḥ*	269
שָׂמֵ֫חַ	*śā|mḗ|aḥ*	→ שׂמח
שִׂמְחָה	*śim|ḥā*	→ שׂמח
שָׂנֵא	*śā|nē*	146
שֹׂנֵא	*śō|nē*	→ שָׂנֵא
שָׂפָה	*śā|fā*	176
שְׂפָתוֹת	*ś ᵉfā|ṯōṯ*	→ שָׂפָה
שַׂק	*śaq*	48
שַׂר	*śar*	421
שׂרף+שָׂרָף	*śā|raf*	124
שָׂרָף	*śā|rāf*	→ שׂרף
שֶׁ·(שֶׁ,שַׁ·,	*šæ/a+* D.f. (*šæ,*	→ אֲשֶׁר;
שָׁ, שְׁ,שֶׁל)	*šā, š ᵉ , śæl)*	§2.2
שְׁאוֹל	*š ᵉ’ōl*	65
שׁאל	*šā|’al*	171
שׁאר+	*šā|’ar*	225
שְׁאָר	*š ᵉ’ār*	→ שׁאר
שְׁאֵרִית	*š ᵉ’ē|rīṯ*	→ שׁאר
שֵׁב	*šēb*	→ ישׁב
שׁבה+שְׁבִי	*šā|ḇā*	96
שֵׁ֫בֶט	*šḗ|ḇæṭ*	190
שְׁבִי	*š ᵉḇī*	→ שׁבה
שְׁבִיעִי(ת)	*š ᵉḇ|ī‘ī(t)*	97; §2.1
שִׁבֹּ֫לֶת/	*šib|bṓ|læṯ*	
סִבֹּ֫לֶת	*sib|bṓ|læṯ*	20
שׁבע: נִשְׁבַּע	*šā|ḇa‘: niš|ba‘*	185
שִׁבְעָה,	*šiḇ|‘ā,*	
שֶׁ֫בַע	*šǽ|ḇa‘*	401; §2.1

שִׁבְעִים	*šib|'īm*	91; §2.1
שִׁבְעָתַ֫יִם	*šib|'ā|ṯá|yim*	6; §2.1
שׁבר	*šā|bar*	147
שׁבת+שַׁבָּת	*šā|baṯ*	182
שַׁבָּת	*šab|bāṯ*	→ שׁבת
שֶׁ֫בֶת	*šǽ|beṯ*	→ ישׁב
שַׁדַּי	*šad|day*	48
שָׁוְא	*šāw*	53
שׁוּב	*šūb*	1060; §2.4b
שׁוֹפֵט	*šō|fēṭ*	→ שׁפט
שׁוֹפָר	*šō|fār*	72
שׁוֹר	*šōr*	79
שְׁוָרִים	*šᵉwā|rīm*	→ שׁוֹר
שׁחה	*šā|ḥā*	→ חוה:
שׁחט	*šā|ḥaṭ*	79
שִׁחֵת	*ši|ḥeṯ*	162
שִׁיר+	*šīr*	177
שִׁיר/שִׁירָה	*šīr / šī|rā*	→ שִׁיר
שִׁית	*šīṯ*	83
שׁכב	*šā|kab*	212
שׁכח	*šā|kaḥ*	102
הִשְׁכִּים	*hiš|kī|m*	65; §2.4b
שׁכן/שׁכֵן+	*šā|ka/en*	268
שֶׁל	*šǽl*	→ שֶׁ
שָׁלוֹם	*šā|lōm*	→ שׁלֵם
שָׁלוֹשׁ	*šā|lōš*	→ שָׁלֹשׁ
שׁלח	*šā|laḥ*	847
שֻׁלְחָן	*šul|ḥān*	71
שְׁלִישִׁי(ת)	*šᵉlī|šī(ṯ)*	107; §2.1
שׁלךְ:	*šā|lak*	
הִשְׁלִיךְ	*hiš|līk*	125
שָׁלָל	*šā|lāl*	75

שׁלֵם+	*šā|lem*	468
שָׁלֵם	*šā|lēm*	→ שׁלֵם
שֶׁ֫לֶם	*šǽ|lœm*	→ שׁלֵם
שְׁלֹשָׁה,	*šᵉlō|sā,*	
שָׁלֹשׁ	*šā|lōš*	430; §2.1
שְׁלֹשִׁים	*šᵉlō|šīm*	173; §2.1
שָׁם/שָׁ֫מָּה	*šām / šā́m|mā*	832; §2.4a
שֵׁם	*šēm*	864
שׁמד:	*šā|mad*	90
שַׁמָּה	*šam|mā*	→ שְׁמָמָה
שָׁ֫מָּה	*šā́m|mā*	→ שָׁם
שָׁמַ֫יִם	*šā|má|yim*	420
שְׁמִינִי(ת)	*šᵉmī|nī(ṯ)*	31; §2.1
שׁמֵם+	*šā|mem*	188
שְׁמָמָה/	*šᵉmā|mā/*	
שַׁמָּה/	*šam|mā*	→שׁמֵם
שֶׁ֫מֶן	*šǽ|mæn*	193
שְׁמֹנָה,	*šᵉmō|nā*	
שְׁמֹנֶה	*šᵉmō| næ*	109; §2.1
שְׁמֹנִים	*šᵉmō|nīm*	38; §2.1
שׁמע	*šā|ma'*	1159
שׁמר+	*šā|mar*	568
שֹׁמֵר	*šō|mēr*	→ שׁמר
שֶׁ֫מֶשׁ	*šǽ|mæš*	134
שֵׁן	*šēn*	55
שָׁנָה	*šā|nā*	876
שֵׁנָה	*šē|nā*	→ יָשֵׁן
שֵׁנִי(ת)	*šē|nī(ṯ)*	156; §2.1
שְׁנַ֫יִם,	*šᵉná|yim,*	
שְׁתַּ֫יִם	*šit|tá|yim*	768; §2.1
שַׁ֫עַר	*šá|'ar*	374

שִׁפְחָה *šif|ḥā* 63

שׁפט+ *šā|faṭ* 624

שֹׁפֵט *šō|fēṭ* → שׁפט

שׁפךְ *šā|fak̲* 115

שׁקה:+ *šā|qā*

מַשְׁקֶה *maš|qǣ* 80

שֶׁ֫קֶל *šǽ|qæl* 88

שֶׁ֫קֶר *šǽ|qær* 113

שָׁר+שָׁרָה *šār,* f. *šā|rā* → שִׁיר

שֹׁ֫רֶשׁ *šó|ræš* 33

שֵׁרֵת *šē|ret̲* 97

שֵׁשׁ, שִׁשָּׁה *šiš|šā, šeš* 216; §2.1

שִׁשִּׁי(ת) *šiš|šī(t̲)* 28; §2.1

שִׁשִּׁים *šiš|šīm* 59; §2.1

שׁתה+ *šā|t̲ā*

מִשְׁתֶּה *miš|tǣ* 263

שְׁתַּ֫יִם *šit|tá|yim* → שְׁנַ֫יִם

תְּבוּנָה *tᵉb̲ū|nā* → בִּין

תֵּבֵל *tē|b̲ēl* 36

תֹּ֫הוּ *tó|hū* 20

תְּהוֹם *tᵉhōm* 36

תְּהִלָּה *tᵉhil|lā* → הִלֵּל

תּוֹדָה *tō|d̲ā* → ידה

תָּ֫וֶךְ *tā́|wæk̲* 418

בְּתוֹךְ *bᵉtōk̲* → תָּ֫וֶךְ

תּוֹלְדוֹת־ *tȍ|lᵉd̲ōt̲-* → ילד

תּוֹעֵבָה *tȍ|ʿē|b̲ā* 117

תּוֹרָה *tō|rā* → II:ירה

תְּחִלָּה *tᵉḥil|lā* → חִלֵּל

תַּ֫חַת *tá|ḥat̲* 505; §2.3/4b

תָּמִיד *tā|mīd̲* 104; §2.4b

תָּמִים *tā|mīm* → תמם

תמם+תָּמִים *tā|mam* 155

תֵּן *ten* → נתן

תֹּעֵבָה *tȍ|ʿē|b̲ā* → תּוֹעֵבָה

תעה *tā|ʿā* 50

תְּפִלָּה *tᵉfil|lā* → פלל:

תפשׂ *tā|faś* 65

תִּקְוָה *tiq|wā* → קִוָּה

תקע *tā|qaʿ* 68

תְּרוּמָה *tᵉrū|mā* → רום

תְּרוּעָה *tᵉrū|ʿā* → רוע:

תְּשׁוּעָה *tᵉšū|ʿā* → יְשׁוּעָה

תְּשִׁיעִי(ת) *tᵉšī|ʿī(t̲)*

תִּשְׁעָה, *tiš|ʿā,* 18; §2.1

תֵּ֫שַׁע *té|šaʿ* 5 8; §2.1

תִּשְׁעִים *tiš|ʿīm* 20; §2.1

תֵּת *tet̲* → נתן

Biblisches Hebräisch

Textorientiertes Lehrbuch

Von Ulrich Schröter

2017. 4°. 388 S., Br., 2 s/w-Abb., 476 Tabellen 49,– EUR (978-3-95490-134-0)

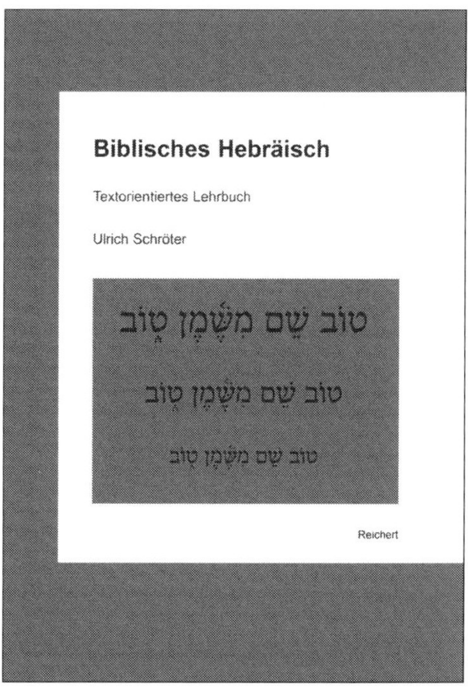

Dieses Lehrbuch führt den Leser direkt anhand von Namen und Orten an das Lesen biblischer Texte heran. Erste grammatisch-syntaktische Einführungen erlauben ein baldiges Übersetzen von Sprüchen, Genealogien und Listen. Das Nomen wird im zweiten Schwerpunkt behandelt und schon wenige Grundzüge des Verbs ermöglichen eine weitere Vertiefung in das Lesen von Sprüchen und Texten. Beim dritten Schwerpunkt Verb wird am entschiedensten Neuland betreten. Viele Sprüche und Erzählungen kommen mit den endungslosen Formen aus. Erst nach deren Vertiefung und der Festigung der Lesekenntnisse folgen die vokalischen Endungen. Nun ist der Lerner in der Lage, eine Fülle von ausgewählten Bibeltexten zu verstehen.

Teil II des Lehrbuchs Biblisches Hebräisch fasst die Grundlagen des Schriftbilds, der Grammatik und der Syntax zusammen. Ausführlich werden die Nomen- und Verbklassen sowie deren Kurzfassungen in Tabellen dargestellt. Neu sind Übersichten zur Analyse von Nomen und Verb sowie exemplarische Ausführungen zu den Methoden der Textanalyse.

Das Lehrbuch wendet sich an Studierende der Theologie und Semitistik sowie an alle, die ihre Kenntnisse des biblischen Hebräisch auffrischen und vertiefen möchten.